JN025444

# 国際民事手続法

## 第3版

本間靖規・中野俊一郎・酒井 一 [著]

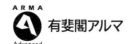

ARMA
Advanced
有斐閣アルマ

# 第 3 版はしがき

　2012 年（平成 24 年）に第 2 版を上梓してから早くも 12 年が経とうとしている。この間の国際民事手続法をめぐる立法や判例の動向も踏まえて，本書を改版する必要を強く感じるようになった。本書における各章のアップデートはもちろんのことであるが，2014 年（平成 26 年）に「国際的な子の奪取の民事上の側面に関する条約」（ハーグ子奪取条約）が日本において発効し，これを実施するためいわゆる「実施法」（平 25 法 48）が制定された。また国際的な家事事件については，人事訴訟法と家事事件手続法に国際裁判管轄の規定が設けられ，民事訴訟法の規定と合わせて国際裁判管轄に関する法制が整備された（平 30 法 20）。このような立法状況に鑑みて，本書では国際家事事件手続についてあらたな章立てをして対応することになった（第 13 章）。また近時，仲裁法の改正が行われたことも本書にとっては大きな意味がある（令 5 法 15）。その他，「調停による国際的な和解合意に関する国際連合条約の実施に関する法律」（令 5 法 16），「裁判外紛争解決手続の利用の促進に関する法律」の改正（令 5 法 17）など，紛争解決手続に関する立法の動向には目を見はるものがある。さらには，すべての民事事件における手続の IT 化を受けた改正が数度にわたって行われているが（令 4 法 48，令 5 法 53），これらがほぼ施行前であることから本書に十分な形で反映されるに至っていない。これらについての本格的な検討は，その施行状況や今後の立法，学説，判例，ヨーロッパや世界の動向を見ながら次回の改版の対象となるであろう。

このように本書は，現時点におけるできる限りの叙述に留まっているが，この段階での新たな版の公刊にも一定の意味があるものと考えている。読者諸氏のご批判やご教示などを受けて，本書のなお一層の改善に向け考察を続けていきたい。

　本書第3版の出版に当たっては，有斐閣京都支店の大原正樹さんに多大なお世話になった。ここに記して感謝の意を表したい。

　2023年12月

執筆者一同

　本書は，渉外的要素を含む事件を取り扱う，裁判手続，保全手続，執行手続，倒産手続，仲裁手続等，いわゆる国際民事手続法といわれる分野に属する様々な問題を初学者が理解する手助けになればとの意図のもとに書かれたものである。

　手続法をめぐる国際化の大波が日本にも押し寄せていることはいうまでもない。数年前，ドイツで行われた国際民事手続法学会におけるテーマが「ヨーロッパ債務名義」であった。EU 加盟国の一定の確定給付判決であれば，外国判決としての承認手続を要することなく，容易に執行手続に入ることができるように制度を変更すべきではないかの議論がなされ，大変興味深かったのであるが，その後，この問題はたんなる議論にとどまらず，時を経ずして，ヨーロッパ債務名義創設規則として実現された。ヨーロッパレベルでは，民事手続は，もはやボーダーレスで通用する時代に入っており，着実にその方向へ歩みが進められている。このように渉外的要素をもつ民事手続法をめぐる他国あるいは他地域での激しい動きは，当然，日本としても無関心ではいられない。実際，アメリカにおいて日本の企業が訴訟に巻き込まれることはごく普通のことになっており，ヨーロッパでもおもな仲裁裁判所で日本の企業が当事者となることも稀ではない。日本における国際民事紛争の増加も今さら指摘するまでもないことである。

　以上のような経験や認識に基づき，この分野における世界の研究動向や時代の流れをつかんだうえ，これを反映した国際手続のあり方について考えてみたいと思うにいたった。もちろんこのような研究は，日本においてもすでにかなりの進展を遂げていることはいうまでもない。われわれとしては，そういった蓄積の上に立ち，なおそれを発展させるべく継続的に研究を続けていきたい。その手始めに，まずは従来の議論を概観し，整理する作業が必要である。それが本書執筆の動

機である。本書の執筆陣としては，前記学会に参加した本間靖規，酒井一に中野俊一郎が加わることになったが，これが本書の形をなすに当たり大きな契機となった。どちらかというと民訴寄りに傾きがちな議論に，国際私法的な感覚が持ち込まれ，議論が充実したものとなったからである。こうして，各自原稿を持ち寄っての討論が積み重ねられ，できあがったのが本書である。もっとも本書執筆については，順風満帆のうちに進んだというわけではない。法科大学院が 2004 年 4 月から始まった関係で，その前後，執筆担当者がこれに忙殺される日々が続いた結果，本書の刊行は大幅に遅れることになった。それでもようやくこの時期に本書の発刊に漕ぎ着けることができたのは，有斐閣書籍編集第一部の神田裕司氏の叱咤激励に負うところが大きい。記して感謝申し上げる次第である。

　本書には，その趣旨や紙数の制限もあって，書き尽くせなかったところも多々存在する。また執筆者の思わぬ誤解や理解の行き届かない部分さらには分かりにくい点もあるかもしれない。その点については読者の批判を受けて補正に努めたい。またこの分野における研究の発展や時代の進展により補充すべき箇所も多く出てくるであろう。その意味で本書は，過渡期の書物たる性格を免れない。執筆者一同，本書の今後の充実につとめる所存である。

　2005 年 7 月

執筆者一同

# 著 者 紹 介 (執筆順)

ほん ま やすのり
**本間靖規**　第1章・第5章・第11章・第13章

1952年　生まれ

1974年　北海道大学法学部卒業

現　在　早稲田大学名誉教授，名古屋大学名誉教授，華東政法大学名誉教授（上海）

〈主要著作〉家事事件手続法（共著，第3版，2016），手続保障論集（2015），「既判力の主観的範囲について」早稲田大学法学会百周年記念論文集第二巻（2022），「手続法から見た家事調停の現状と課題」ケース研究346号（2023）

なか の しゅんいちろう
**中野俊一郎**　第2章・第3章・第9章・第10章 *1〜4*・第12章

1958年　生まれ

1981年　神戸大学法学部卒業

現　在　神戸大学大学院法学研究科教授

〈主要著作〉国際仲裁と国際私法（2023），「財産所在地の国際裁判管轄権」神戸法学雑誌43巻2号（1993），仲裁と懲罰的損害賠償（共著，1995），「国際民事保全法の現状と課題」日本と国際法の100年9巻（2001），"International Commercial Arbitration Under the New Arbitration Law of Japan", JAL, No. 47（2004）

さか い はじめ
**酒井　一**　第4章・第6章・第7章・第8章・第10章 **5**

1961年　生まれ

1983年　大阪大学法学部卒業

現　在　関西大学大学院法務研究科教授

〈主要著作〉「米国懲罰的賠償判決の承認と執行に関する一考察—外国判決の承認と執行の分化試論」民商法雑誌107巻3号（1992），107巻4号（1993），「重複訴訟論—訴訟物論の試金石からの脱皮」鈴木正裕先生古稀祝賀・民事訴訟法の史的展開（2002），「外国形成裁判の承認」福永有利先生古稀記念・企業紛争と民事手続法理論（2005）

# 目　次

*Column* 目次 ━━━━━━━━━━━━━

# 凡　例

【法令名略語】
　原則として六法全書巻末の略語に依拠した。主なものは以下の通りである。
　　［国内法］
　　会更　　　　　　　会社更生法
　　会更規　　　　　　会社更生規則
　　共助　　　　　　　外国裁判所ノ嘱託ニ因ル共助法
　　憲　　　　　　　　日本国憲法
　　子奪取　　　　　　国際的な子の奪取の民事上の側面に関する
　　　　　　　　　　　条約の実施に関する法律
　　承認援助　　　　　外国倒産処理手続の承認援助に関する法律
　　人訴　　　　　　　人事訴訟法
　　人保　　　　　　　人身保護法
　　仲裁　　　　　　　仲裁法
　　破　　　　　　　　破産法
　　法適用　　　　　　法の適用に関する通則法
　　民　　　　　　　　民法
　　民再　　　　　　　民事再生法
　　民再規　　　　　　民事再生規則
　　民執　　　　　　　民事執行法
　　民訴　　　　　　　民事訴訟法
　　民訴規　　　　　　民事訴訟規則
　　民訴手続特　　　　民事訴訟手続に関する条約等の実施に伴う
　　　　　　　　　　　民事訴訟手続の特例等に関する法律
　　民訴費　　　　　　民事訴訟費用等に関する法律
　　民保　　　　　　　民事保全法

　　［条約等］
　　ウィーン外交条約　外交関係に関するウィーン条約

| ウィーン領事条約 | 領事関係に関するウィーン条約 |
| ジュネーブ条約 | 外国仲裁判断の執行に関する条約 |
| ジュネーブ議定書 | 仲裁条項ニ関スル議定書 |
| 証拠収集条約 | 外国における民事又は商事に関する証拠の収集に関する条約 |
| 送達条約 | 民事又は商事に関する裁判上及び裁判外の文書の外国における送達及び告知に関する条約 |
| 日英領事条約 | 日本国とグレート・ブリテン及び北部アイルランド連合王国との間の領事条約 |
| 日米領事条約 | 日本国とアメリカ合衆国との間の領事条約 |
| ニューヨーク条約 | 外国仲裁判断の承認及び執行に関する条約 |
| ハーグ子奪取条約 | 国際的な子の奪取の民事上の側面に関する条約 |
| ブリュッセル条約 | 民商事事件における裁判管轄権及び判決の執行に関する条約 |
| ブリュッセルⅠ規則 | 民商事事件における裁判管轄権及び判決の執行に関する理事会規則 |
| 民訴条約 | 民事訴訟手続に関する条約 |

【判例集・判例雑誌】

| 民録 | 大審院民事判決録 |
| 民集 | 大審院民事判例集・最高裁判所民事判例集 |
| 高民集 | 高等裁判所民事判例集 |
| 下民集 | 下級裁判所民事裁判例集 |
| 労民集 | 労働関係民事裁判例集 |
| 家月 | 家庭裁判月報 |
| 判時 | 判例時報 |
| 判タ | 判例タイムズ |
| 金判 | 金融・商事判例 |
| 金法 | 金融法務事情 |
| LEX/DB | LEX/DB インターネット文献番号 |

【未施行の改正法の扱い】

本書刊行時に未施行である改正法の扱いは，以下の通り。

・民事訴訟法等の一部を改正する法律（令 4 法 48）

　＝「令 4 改正後の○○条」と引用

・仲裁法の一部を改正する法律（令 5 法 15）

　＝改正後の規定を織り込み済み

・民事関係手続等における情報通信技術の活用等の推進を図るための
　関係法律の整備に関する法律（令 5 法 53）

　＝「令 5 法 53 改正後の○○条」と引用

# 第1章 │ 序　論

【*Case*】① 日本人であるＡは，マレーシアに本店があり日本に
支店を有するＹ航空会社の運航する航空機でマレーシア国内を
飛行中，同機の墜落により死亡した。Ａの遺族Ｘらは，Ｙの旅
客運送契約に関する債務不履行責任を主張して，日本の裁判所
に損害賠償を求めて訴えを提起した。この事件について日本の
裁判所は，管轄を有するか。

② ドイツでＹ（ドイツ国籍）と婚姻し，ドイツにおいて婚姻共
同生活を営んでいたＸ（日本国籍）が，Ｙから同居を拒絶され
たためドイツから未成年子（Ａ）とともに日本に帰国して，ド
イツには戻らない意思を表し，日本に居住していたところ，Ｘが
ドイツに居住するＹに対して，日本の裁判所に離婚の訴えを提
起した。日本の裁判所はこれについて裁判管轄を有するか。

③ 米国に製品を輸出していた日本法人Ｘは，その製品の瑕疵に
より損害を被ったと主張するＹが，米国において製造物責任の
訴えを先行して提起したのに対抗して，日本において，当該損
害賠償債務の不存在確認の訴えを提起した。この日本における
訴え提起について，日本の裁判所はどのように処理すべきか。

④ 日本法人Ｙ社の子会社である米国カリフォルニア州法人Ａ社
は，オレゴン州への工場進出をはかり，この目的のために，パー
トナーシップであるＸ社を設立した。ところがＡ社の進出計
画が挫折したことに端を発し，ＸはＹに対し，Ｙの欺罔行為を
理由とする損害賠償を求める訴えをカリフォルニア州裁判所に
提起したところ，同裁判所では，補償的損害賠償42万ドル，
懲罰的損害賠償112万ドルを認める判決が言い渡され，これが
確定した。そこでＸはＹの本店所在地である東京地方裁判所
に，この判決に基づき執行判決を求める訴えを提起した。裁判

# *1* 国際民事手続法とは何か

　渉外的要素のある民事事件を日本の裁判所で審理すべきか（【*Case*】①②は国際裁判管轄の問題），またどのような手続で審理すべきか，外国裁判所にすでに係属する事件と同一紛争について，日本でも訴えが提起された場合，どのように処理すべきか（【*Case*】③は国際的二重起訴の問題），日本の制度には存在しない懲罰的損害賠償を含む外国判決の執行判決を外国当事者が求めてきた場合に，日本の裁判所はどのように判断すべきか（【*Case*】④は外国判決の承認・執行の問題），また渉外的要素のある事件における訴え提起の前段階での執行確保のための財産保全はどのようにすべきか。債務者の財産が異なる国に分散して存在する場合，債務者の経済的破綻に法的に対処すべく倒産手続を進めるためには，どのような手続がふさわしいか。

　これらの問題については，世界に統一された1つの手続が存在するという状況にはない。したがってそれぞれの国の民事手続を使うことになるが，その際，渉外的要素を考慮に入れた処理が必要とされるため，純粋な国内事件を処理する手続とはおのずから異なった取扱いがなされるべきである。これらの処理のための法規範となるのが国際民事手続法といわれるものである。国際民事手続法で取り扱われる問題は多岐にわたる。例えば冒頭に掲げた【*Case*】の事例の問題のほか，主権免除の問題，外国人や外国法

人の当事者能力や訴訟能力，当事者適格の問題，国際的な送達や証拠調べ，そのための司法共助の問題，外国法の探索や適用の問題，外国にある財産についての保全，国際倒産や国際仲裁などが挙げられる。国際民事手続法では，これら民事手続に関する上記のような問題を対象としてその処理を考えるのであるが，時として手続に属する問題なのか，実体に属する問題なのかが問われる場合がある。例えば時効や証明責任はいずれに属するか，当事者適格を判断するに当たっては，訴訟物たる請求権がその存否の判断に際して重要な要素となるが，その基礎となる債権の準拠法は，当事者適格の判断に際して考慮されるべきではないのか等を考えると，国際民事手続法は，国際私法と深く係わりを持つように思われる。それどころか国際私法以外に国際民事手続法という概念を設定する必要はなく，後者は，国際私法の一部であるとの見解すら存在しているのである。そこで両者の関係が問われることになる。さらに国際民事手続法と国内民事手続法との関係も問題となる。

## 2 国際民事手続法と国際私法，国内民事手続法

国際民事手続法がどのような事項を取り扱うのかについては，上記の通りであるが，それでは国際民事手続法とはどのような性格のものかというと必ずしも各国で統一した認識に達しているというわけではない。国際民事手続法の位置づけについては，国際私法との関係が問題になるほか，国内民事手続法との関係も問われる。そこでまず，前者について，国際民事手続法は，国際私法

の領域に属する準拠法選択の問題であり，手続に関して一般的に通用するとされる「手続は法廷地法による」の原則は，渉外的要素を持つ私法上の法律関係に関して規律する国際私法上の抵触規定という性格を有するとの見解があるので，これについて検討する。この見解は，手続と性格づけられるか，実体の問題とされるかは，それ自体，国際私法の問題に属し，手続と性質決定されるときには，法廷地法が選択されるというだけであって，国際私法から離れて，国際民事手続法という概念を独自に打ち立てる必要はないとする。しかし例えば，国際民事手続法の典型的な問題である，国際裁判管轄をとりあげてもわかるように，この問題が国家主権とかかわる事柄であることから，国家の裁判権の及ぶ範囲，限界の問題と捉えるべきことになる。そうすると，これは渉外事件における準拠実体法の決定問題とは異なる性質を有するといわざるを得ない。そこで一般的には，管轄に関するルールは抵触規則に属しないと考えられているのである。管轄が国際民事手続法の重要事項であることにかんがみると，やはり国際民事手続法は国際私法とは別体系のものとして，その理論的問題の考究に努めるべきものである。

　逆に，手続は内国の公序に属する事柄であり，手続法は公法に属するとして，国際民事手続法を国内民事手続法に取り込もうとする見解が存する。これによれば，国際民事手続法に属するとされる問題は，人事訴訟法や行政事件訴訟法のような特別法に位置づけられ，国内民事手続法において渉外的要素を有する問題を取り扱う一分野ということになる。

　しかし渉外的要素を有する事項については，やはり独自の考慮が必要なのであって，国内事件と全く同様に処理すればいいとい

うわけにはいかない。現に，民事訴訟法典の中には外国判決の効力という国内事件では全く問題にならない事項に関する規定をおいていることにみられるように，渉外民事事件には，内国における処理とは異なる規律を要する。また，公序といっても，手続法のすべてが強行規定でできあがっているわけではなく，当事者の処分や合意に任せられる部分も存するのである。その場合には，必ずしも法廷地法によるべきではないということも考えられる。そうとすれば渉外的要素を有する事項をどのように処理すべきかについては，国内民事手続法から切り離して独自の理論的考察をすることに意味があると思われる。これを国際民事手続法として理論体系を考えることが普及しているゆえんである。

　そこで国際民事手続法の独自の存在意義を肯定するとすれば，渉外的要素を持つ手続問題と性質決定されたものは，国際民事手続法の領域に属することになる。この領域においては，どのような規定にしたがって手続を進めるべきかが，独自に検討されなければならない。その際，「手続は法廷地法による」の原則ですべてを律することができるかは問題であろう。法廷地のルールによって，手続問題と一応は性質決定されるとしても，実体権と深い係わりを持つものについては，当該権利関係に関する準拠法を全く顧慮しないわけにはいかないものもあるからである。渉外的債権者代位訴訟などはそのようなものに属すると思われるし，後に見るように当事者能力や訴訟能力に関して属人法説（本国法説）が有力に主張されているところであり，さらに証明責任や自白等の証拠法の分野では，実体法と手続法の交錯を反映して，法廷地法の適用のみで手続を進めることは妥当でないと考えられる。これらの多くは実体に属する問題か手続に属する問題かがそもそも

議論のあるところであるが，手続と性格づけられるとしてもなお法廷地法のみの適用で足りるかは問題とされるところである。そうとすると手続問題と決定された後に，法廷地法のみで規律できるか，外国実質法（手続法ないし実体法）を適用ないしは参照すべきかの問題，すなわち手続的抵触規定を認めるべきかが問われることになる。これについては個別の箇所で論じられるであろう。

*Column* ① 「手続は法廷地法による」--------------------------------------

　裁判所で渉外的要素をもつ紛争を解決するに当たり，どの局面でどの国の法を適用するかが問題となる。実体的法律関係について，どの国の法を判断基準とするかは抵触規定による準拠法の決定の問題であるが，どのような手続で審理，裁判するかについては，抵触法的処理はせずに，法廷地法によるとの原則が普及している。その根拠については様々な議論があるが，訴訟手続そのものが画一的処理を基本にする事柄であり，かつ手続法はその国特有の土着的性格を有し，これを維持することに当該国が利益をもつこと，すなわち公法的取扱いになじむものであることがこの原則を長きにわたって通用させてきた理由であろう。それだけに手続法の世界的統一はおそらく至難の業である。

--------------------------------------------------------------------------------


## *3* 国際民事手続法の法源

> 概　説

国際民事手続法を何によってどのように規律するか。世界的に統一された，1つの民事手続法は存在せず，むしろ「手続は法廷地法による」の原則が基本であることから，まずは国際管轄を前提として，各国内の民事訴訟法等の手続法が適用されることになる。しかし各国の

民事手続法の内容は，国によって異なることから，性質上不統一な取扱いがなされることが適切でない事項については，各国間の調整が必要となる。その方法としては，多国間条約や二国間条約を締結して，これを批准し，あるいはこれに加入した国を拘束する方法がとられる。またこのような厳格な法的拘束にいたるまでもない事柄については，適切な機関が作成したモデル法（模範立法）を参考に，各国の立法に任せるという方法もある。

**国 内 法** 日本における国際民事手続法を規律する国内法としては，民事訴訟法，民事執行法，外国等に対する我が国の民事裁判権に関する法律（対外国民事裁判権法），外国裁判所ノ嘱託ニ因ル共助法，民事訴訟手続に関する条約等の実施に伴う民事訴訟手続の特例に関する法律，破産法，民事再生法，会社更生法，外国倒産処理手続の承認援助に関する法律，仲裁法などが挙げられる。このうち民事訴訟法には，平成 23 年の民事訴訟法及び民事保全法の一部を改正する法律により，国際裁判管轄の規定が整備された（民訴 3 条の 2〜3 条の 12,民保 11 条参照）。また，平成 30 年の人事訴訟法・家事事件手続法等の改正により家事訴訟事件並びに家事非訟事件における国際裁判管轄の規定が新設された。なお，民事訴訟法には，外国人の訴訟能力の特則（33 条），訴訟費用の担保提供命令（75 条），外国における送達（108 条），外国裁判所の確定判決の効力（118 条），外国における証拠調べ（184 条），外国の官庁または公署の作成した文書の成立の真否（228 条 5 項）などが規定されている。その後注目すべき立法として，「国際的な子の奪取の民事上の側面に関する条約」への加盟にあたり，平成 25 年に「国際的な子の奪取の民事上の側面に関する条約の実施に関する法律」が制定された

（令和元年にさらなる改正がなされている）。民事執行法には，確定した執行判決のある外国裁判所の判決，確定した執行決定のある仲裁判断が債務名義となること（22 条）や外国裁判所の判決の執行判決（24 条）が規定されている。倒産法関係では，外国人の地位（破 3 条，民再 3 条，会更 3 条，承認援助 3 条），国際倒産管轄（破 4 条，民再 4 条，会更 4 条，承認援助 2 条），国内倒産手続の対外効（破 34 条 1 項・109 条・142 条 2 項，民再 38 条 1 項・189 条，会更 72 条 1 項・137 条，承認援助 57 条〜61 条）などが規定されている。このように，国際民事手続に関する規定が存在し，また近時の法改正による手当がなされたことであるが，なお，明文の規定がない場合には，国内規定の類推解釈や条理の法源性などが議論されている。

国際法（条約，モデル法）　日本が批准ないしは加入している条約としては，ハーグ国際私法会議関係では，「民事訴訟手続に関する条約」（1954 年，1957 年発効［年代は採択年と条約の発効年を指す。以下同様］，本条約では送達，証拠調べ，訴訟費用，訴訟救助などが規定されている），「民事又は商事に関する裁判上及び裁判外の文書の外国における送達及び告知に関する条約」（1965 年，1969 年発効），外国公文書の成立の証明についての「外国公文書の認証を不要とする条約」（1961 年，1965 年発効），近時では，「国際的な子の奪取の民事上の側面に関する条約」（1980 年，1983 年発効，日本での発効は 2014 年）がある。国際連盟，国際連合関係では，「仲裁条項ニ関スル議定書」（1923 年，1924 年発効，仲裁契約と外国仲裁判断の承認，執行について取り扱う），「外国仲裁判断の執行に関する条約」（1927 年，1929 年発効），「外国仲裁判断の承認及び執行に関する条約」

（1958 年，1959 年発効），「国際連合の特権及び免除に関する条約」
（国連特権免除条約，1946 年，同年発効），「国家と他の国家の国民
との間の投資紛争の解決に関する条約」（1965 年，1966 年発効，
仲裁判断の承認執行を取り扱う），「国及びその財産の裁判権免除に
関する国際連合条約」（国家免除条約，2004 年，未発効），国際運
送関係では，「国際航空運送についてのある規則の統一に関する
条約」（1929 年，1933 年発効。1999 年，2003 年発効），海事法外交
会議関係では，「油による汚染損害についての民事責任に関する
国際条約」（1969 年，1996 年発効），などが挙げられる。また「外
交関係に関するウィーン条約」（1961 年，1964 年発効，外交官の刑
事，民事，行政裁判権からの免除を規定する），「領事関係に関する
ウィーン条約」（1963 年，1967 年発効）がある。また，二国間条
約や領事条約で送達や証拠調べ等，国際民事手続法に属する事項
が定められている。さらに，国際連合の国際商取引法委員会（以
下では UNCITRAL と略す）の作成に係るモデル法として，国際商
事仲裁モデル法（1985 年），国際倒産モデル法（1997 年）がその
後の日本をはじめ各国の国際倒産法，国際仲裁法を含む仲裁法の
立法に影響を与えている。本書では，その他に日本が批准してい
ない国際連合の作成による条約や EU 関連の条約，規則などもそ
れぞれの項目において適宜参照することにする。

各国民事手続法のハー
モナイゼーション

渉外的な民事事件に関する手続のあり方
としては，手続法の世界的統一の方向を
とるべきか，各国の手続法を残したまま
でその調和を条約等で図るのが望ましいのか，議論のあるところ
である。かつて日本では，田中耕太郎博士が私法の世界的統一の
可能性を探り，『世界法の理論』を著されたことは周知の通りで

ある。これに対し，民事手続法学においては，このような業績が乏しい状況のなか，ヨーロッパ共同体（EC。後の EU）で，その加盟国内に限定してではあるが，裁判法典統一の方向での動きが見られたことがあった。すなわち 1990 年代の初めに，加盟国内の裁判法の統一が模索され，そのためのワーキンググループが設置された。そしてこれによる「ヨーロッパ共同体における裁判法の接近（Approximation of Judiciary Law in the European Union）」（1994 年）と題する報告書が刊行された。そこでは，統一法典のための要綱が条文のかたちで提案されたのである。しかし結局，この試みは，EU 内で統一した民事訴訟法典を制定するという方向に発展することはなかった。

　その後，法典の統一の方向ではなく，むしろ条約や指令，規則などで，EU 内の民事手続法の調和（ハーモナイゼーション）をはかるという方向をたどることになった。またローマに本拠を置く UNIDROIT では民事訴訟法の調和の議論がヨーロッパ各国のみでなく，日本やアメリカを含めたメンバーで続けられ，その成果も公表されている（国境を越えた民事手続の原理，Principles of Transnational Civil Procedure, 2004, 判時 1998 号 3 頁参照）。その成果に基づいて次の展開を見せるものとして，2021 年に Eli-Unidroit Model European Rules of Civil Procedure（欧州モデル民事訴訟規則）が出されている。このように，渉外的要素を有する民事紛争の処理手続については，各国の手続法の独自性を尊重したうえ，条約等でその調和を図る方途を探るというのが現在の傾向といえる。日本においてもそのような全体の動きのなかで，世界の動向をふまえながら，国際民事手続法に属する事項に関し，あるいは条約やこれに準じるもの，あるいは独自の立法により，

あるいは判例やその解釈を通して問題に対処しようとしている。具体的に日本がどのような立場で，問題をどのように処理しているのかについては，個々の項目において明らかにされる。

## *4* 本書の構成と特徴

　本書では，国際民事手続法上の諸問題，すなわち，以下，第2章民事裁判権の免除，第3章国際裁判管轄，第4章訴訟物・国際的二重起訴，第5章当事者，第6章送達と司法共助，第7章証拠調べ，第8章外国法の適用，第9章外国判決の承認・執行のほか，国際民事手続として重要と思われる，第10章国際民事保全，第11章国際倒産，第12章国際仲裁，第13章国際家事手続を取り扱う。従来，国際民事手続法の名のもとに考察，検討がなされてきたほぼすべての問題をとりあげ，論じようとするものである。もっとも本書は，これらの詳細にわたり各項目に関する文献を引用しつつ，これらすべてに応接しようというものではない。本書の特徴としては，どちらかといえば初学者向けに，まずは問題の所在と学説，判例における議論の状況をできる限りわかりやすく紹介し，国際民事手続法に慣れ親しんでもらうことを念頭においていることが挙げられる。

　社会のグローバル化によって国際的な取引や経済活動がますます活発になっていくことが予想される。国際取引紛争のほか，国際的な家族事件なども今後増加の一途をたどるものと考えられる。あるいは本書で取り扱わなかった問題が将来においては，重要課題にならないとも限らない。国際民事手続法は，まさに動きの激

しい国際社会における民事手続法を対象とするだけに，その変化に即座に対応することを要求されるものである。本書も，こういった要求に敏感に反応しながら進化を遂げるものでありたい。

# 第2章 | 民事裁判権の免除

【*Case*】① 在日Ｙ国軍基地の周辺に住むＸらは，同基地からの軍用航空機の離発着による騒音によって損害を受けたと主張し，Ｙ国政府を被告として，夜間の航空機離発着の差止めおよび損害賠償を請求する訴えを提起した。
② Ｙ国金融公社は，日本でＹ国の保証付き円貨債券を発行したが，期日にこれを償還しなかったため，債権者であるＸらは，Ｙ国およびＹ国金融公社を被告として，債券償還請求の訴えを提起した。

## 1 裁判権免除の意義

### 裁判権の免除とは何か

国家は，あらゆる渉外的民事事件につき，あらゆる当事者に対して，裁判を行うことができるか。それとも，そこには何らかの制約があるか。制約があるとすれば，それは何により，どのような理由で課された制約なのか。また制約の具体的内容は何か。これらが本章で扱う問題である。

自らの司法機関によって具体的紛争の処理を行う国家の権能を裁判権（または司法権）と呼ぶ。民事事件に関する裁判権（民事裁判権）は，刑事裁判権，行政裁判権と対比される。裁判権は一国の国家主権に由来する権能であり，その行使は国家主権の行使

という性格をもつから，他国領域内では，その国の同意がある場合を除いて許されない反面，自国領域内では，原則としてあらゆる人，物に対して及ぶ。もっとも，外国国家や国家元首，外交使節や領事，国際機関やその職員などが民事司法手続の対象となる場合には，外国の国家主権を尊重し，あるいはその行使をになう者の機能や国際機関の活動を保障するという観点から，裁判権の行使が制約されることがある。これを裁判権免除（jurisdictional immunity）と呼ぶ。以下においては，このうち，外国国家やその国家元首等に対する裁判権免除の問題を扱う。

　裁判権免除は国際法上の義務であるから，それに反して裁判を行うことは国際法違反になる。国際法が要求する以上に免除を認めても国際法には違反しないが，その場合には，原告に対し内国裁判所での権利保護を拒むことになるので，慎重な配慮が求められる。

　免除の対象となる裁判権の行使とは，判決の言渡しや強制執行のみならず，訴状の送達や証人尋問などを含む広い概念として捉えられている。裁判権免除は国際法が規律する問題であるため，裁判権の外在的（他律的）制約と呼ばれるほか，司法行為の対象となる者の性質に基づく制約であることから，裁判権の対人的制約とも呼ばれる。

裁判権と国際裁判管轄の関係　国際法上は裁判権行使が許される場合でも，特定の渉外民事事件につき，国家が実際に裁判権を行使するかどうかについ

ては，また別の考慮が必要となる。「裁判してよい」ということと，「裁判しなければならない」ということは，同じではない。国際法上，裁判権免除が認められる場合は限られており，それ以

外の場合には，裁判権をもつ多数の国家が，裁判権を行使するかどうかを自ら決定することになる。これを国際裁判管轄の決定と呼ぶ。つまり，地球的視野から見れば，渉外民事事件についての国際的な裁判事務の分配であり，当事者の視点からすれば，具体的にどの国で自分の訴えを取り上げてもらえるかという問題である。ここでは，他国主権の尊重や国際機関の機能保持といった考慮は後退し，それに代わって，裁判を受けるについての当事者の便宜や，適正かつ迅速な裁判の保障といった手続法的考慮が前面に出ることになる。これは，原則として各国が独自に規律しうる問題であるという意味で，裁判権行使の内在的（自律的）制約と呼ばれるほか，司法権の行使対象者の特性によるのではなく，主として具体的紛争と裁判を行う国家との関連性に基づいて判断されることから，裁判権の対物的制約と称されることもある。

　法廷地国が裁判権をもたない場合，改めて国際裁判管轄の有無を審理する必要はない。その意味で，裁判権の存在は，論理的には国際裁判管轄決定の前提をなすが，例えば，裁判権の存否について疑いがあるが国際裁判管轄の欠如が明らかであるような場合，裁判権の存否を留保したまま訴えを却下することも許される。

*Column ②*　裁判権と国際裁判管轄の概念的区別----------------------

　わが国における裁判権と国際裁判管轄の概念的区別は，ドイツ法上の Gerichtsbarkeit, Internationale Zuständigkeit の区別に対応する。もっとも，両概念の質的類似性のゆえに，厳密な区別は必ずしも容易でない。上に述べたように，一応は裁判権の外在的制約か内在的制約かという区別をするとしても，裁判権免除の可否が各国国内法で定められ，逆に国際裁判管轄が国際法で規律されることもありうる。行為の性質が主権的であることを理由に裁判権を免除する制限免除主義の考え方は，裁判権の対人的制約という表現と完全に

は一致しないし，逆に，当事者の国籍を基準に国際裁判管轄を規律する考え方は，裁判権の対物的制約という表現にそぐわない面もあろう。比較法的にも，両者の概念的区別は普遍的というわけではない。例えばオーストリアでは，Gerichtsbarkeit が裁判権，国際裁判管轄の双方の意味を併せもつ概念として用いられ，英米法系諸国においては，一般に jurisdiction が両者を包含する言葉として用いられる。わが国においても，後述するマレーシア航空事件判決（→第3章1④）のように，裁判権という言葉を国際裁判管轄の意味で用いる裁判例があった。国際法学上もこのような区別は必ずしも厳密には行われておらず，例えば米国の対外関係法リステイトメントは，国家の対外的な法的権限を国家管轄権と総称し，それを規律（立法）管轄権（jurisdiction to prescribe），裁判管轄権（jurisdiction to adjudicate），執行管轄権（jurisdiction to enforce）に三分した上で，何ら自国と関連性をもたない事件については，ここでいう裁判管轄権を欠くと説明する。

# 2 主権免除（国家免除）

## ① 総　説

外国国家や国家元首，国有財産等に対しては，当該国の主権尊重という観点から，国際法上，民事裁判権の行使が制約される。この原則を主権免除（sovereign immunity）ないし国家免除（state immunity）と呼ぶ。これは，近世西ヨーロッパ諸国における国内裁判上の慣行として発展してきたものが，「対等なものは対等なものに対して支配権をもたない」（*par in parem non habet imperium*）という法諺に示される国家主権の独立・平等の観念と結合

して，19世紀に慣習国際法化したものといわれている。民事裁判の被告や強制執行の対象としないことによって，互いに主権を尊重し，国家としての機能や活動を阻害せず，友好関係を維持することが図られたわけである。しかし，これを無制限に認めれば，外国国家との民事紛争に関わった私人が，裁判による権利救済を受けられないという結果を招く。そのため近年においては，免除の範囲をどう制限するかが問題となっている。

### *Column* ③　国家行為理論

国家行為理論（act of state doctrine）とは，法廷地国裁判所は，外国政府がその領域内で行った主権的性質の行為の合法性を審査できず，それを有効なものとみなさなければならないとする考え方である。主に米国で発展した理論であるが，わが国裁判例の中にもこれと類似した考え方を示すものがある（東京地判昭28・5・27下民集4巻5号755頁）。これは主権免除に似た機能を営むが，裁判所の管轄権（ジュリスディクション）自体を否定するものではない点，当該国家自身が被告になっていない場合でも援用されうる点，問題となる行為が当該国領域内で行われた場合に限られる点などにおいて区別されうる。

## ②　法　源

慣習国際法

主権免除については，ごく最近まで，一般的な定めをおく条約がなく，その規律は広い範囲で慣習国際法に委ねられてきた。もっとも，個別条約の中には，1958年の「公海に関する条約」（昭43条10）9条のように，国有船舶に対する裁判権免除を規定するものもあるほか，地域的条約としては，1972年に欧州理事会で作成された「国家免除に関するヨーロッパ条約」がある。また，日米友好通商航海

条約 18 条 2 項のように，二国間条約中に規定がおかれることも少なくない。他方，慣習国際法の成否や内容については明確でない部分が少なくないため，米国，英国など，国内法を制定して裁判権行使の範囲を明らかにする国が増加していた。

国家免除条約と対外国<br>民事裁判権法

このような不透明な状況を改善するべく，1970 年代から，国際法協会（ILA）や国連国際法委員会（ILC）において，一般的多国間条約の作成準備が進められたが，免除を認める範囲などにつき国家間の対立が激しく，作業は難航した。しかし，旧社会主義圏の崩壊を 1 つの契機として合意達成への機運が生じ，2004年末の国連総会において，「国及びその財産の裁判権からの免除に関する国際連合条約」（国家免除条約）が成立した。わが国は，この条約に署名するとともに，その内容に準拠して「外国等に対する我が国の民事裁判権に関する法律」（平 21 法 24：対外国民事裁判権法）を制定した。本法は平成 22 年 4 月 1 日から施行されている。わが国は同年 5 月に国家免除条約を受諾して 10 番目の正式加盟国となったが，発効には 30 カ国の批准を要するため，同条約は未だ発効していない。

### ③　主権免除法理の展開

絶対免除主義

「レッセ・フェール」という言葉に代表されるように，主権国家の活動が警察・軍事・外交など公的ないし政治的なものに限られ，通商活動への参加に国家が慎重であった時代には，主権免除の及ぶ範囲について疑問が生じる余地は少なかった。すなわち，国家が自ら免除を放棄して提訴・応訴した場合や，法廷地国に所在する不動産を直

接の目的とする訴訟，法廷地国所在財産の相続に関する訴訟を除き，外国国家は原則として民事裁判権から免除されると考えられた。これを絶対免除主義という。昭和3年の大審院決定もこの立場をとり，中華民国代理公使が振り出した約束手形の裏書譲渡を受けた日本人らが，同国を被告として提起した手形金支払請求訴訟につき，被告が免除を放棄しない以上，訴状の送達も許されないとした（大決昭3・12・28民集7巻1128頁）。

| 制限免除主義への移行 | 20世紀に入って社会主義国家が登場し，国家が私人と同様に商業活動に参入する

とともに，国内的にも，自国政府に対する私人の訴えが許容されるようになると，外国国家に広範な免除を認める絶対免除主義に対して疑問の声があがるようになった。そして，国家の行為を「主権的行為」（*acta jure imperii*：公法的行為，非商業的行為とも呼ばれる）と「非主権的行為」（*acta jure gestionis*：私法的行為，業務管理的行為，商業的行為とも呼ばれる）に区分し，前者についてのみ免除を認める考え方（制限免除主義）への移行が世界的傾向となってゆく。その結果，2004年には，制限免除主義に立脚する国家免除条約の成立に至った。

平成14年の新横田基地訴訟最高裁判決（最判平14・4・12民集56巻4号729頁）も，【*Case*】①と同様の事例について，制限免除主義への移行傾向を指摘するが，「今日においても，外国国家の主権的行為については，民事裁判権が免除される旨の国際慣習法の存在を引き続き肯認することができ」，米軍機の「夜間離発着は，我が国に駐留する合衆国軍隊の公的活動そのものであり，その活動の目的ないし行為の性質上，主権的行為であることは明らか」だとして免除を認めた。つまり本判決は，制限免除か絶対

免除かという問題を棚上げにしたまま，いずれにせよ外国国家の主権的行為には免除が認められる，という結論を述べたにとどまる。

これに対して，下級審判決のなかには，直截に制限免除主義の考え方により，【*Case*】②と同様の事例について，円貨債券の償還を求められた外国国家および外国国家機関の免除主張を斥けたものも現れていた（東京地決平 15・7・31 判時 1850 号 84 頁）。

このようななか，最高裁は，最判平成 18 年 7 月 21 日（民集 60 巻 6 号 2542 頁）において制限免除主義の採用を明らかにし，外国国家を被告とする貸金（実質的には大型コンピュータの売買代金）請求訴訟につき，昭和 3 年大審院決定に依拠して訴えを却下した原審判決を破棄差戻しするに至った。判旨によると，今日，「外国国家は主権的行為について法廷地国の民事裁判権に服することを免除される旨の国際慣習法の存在については，これを引き続き肯認することができるものの……外国国家は私法的ないし業務管理的な行為についても法廷地国の民事裁判権から免除される旨の国際慣習法はもはや存在しない」。「外国国家は，その私法的ないし業務管理的な行為については，我が国による民事裁判権の行使が当該外国国家の主権を侵害するおそれがあるなど特段の事情がない限り，我が国の民事裁判権から免除されないと解するのが相当」とされる。

その後，わが国は国家免除条約に加入するとともに，条約が未発効であることも考慮して，裁判権行使の範囲を明確化するため，対外国民事裁判権法を制定した。以下においては，この法律の内容に即して解説する。

## ④ 主権免除の対象

> 「外国等」

対外国民事裁判権法は，日本の民事裁判権が外国等に対して及ぶ範囲や手続の特例を定める（1条）。「外国等」とは，外国とその政府機関，連邦国家の州（最判平21・10・16民集63巻8号1799頁），外国の行政区画で主権的権能を行使する権限をもつもの（香港など），その他の団体でこの権限をもつもの（外国中央銀行など。ただしこの権能の行使として行為する場合に限る），それらの代表者（国家元首など）をいう（2条）。免除の対象はわが国が国家としての存在を認めるものに限られるから，未承認国家を含まない。

本法は，条約や確立された国際法規に基づいて外国等が享有する特権・免除に影響を及ぼさない（3条）。例えば，在日米軍の活動に関する裁判権行使は日米地位協定等により，第二次大戦中の国家や軍隊による不法行為については慣習国際法によって判断される。

### *Column* ④　ドイツ対イタリア主権免除事件
#### （国際司法裁判所 2012 年 2 月 3 日判決）

第二次大戦中にドイツ軍がギリシャで行った住民虐殺行為（ディストモ村事件）に関して，ギリシャ裁判所は遺族からドイツ政府に対する損害賠償請求を認容し，イタリア裁判所は，当該判決のイタリアでの執行を認めた。またイタリア裁判所は，第二次大戦中にドイツで強制労働に従事させられたイタリア人が，ドイツ政府に対して提起した損害賠償請求の訴えを認容した（フェリーニ事件）。そこでドイツが，イタリアによるこれらの行為は国際法に違反するとして国際司法裁判所に提訴したところ，同裁判所はドイツの主張を認め，「イタリアはドイツに認められる裁判権からの免除を尊重する

義務に違反した」と判断した。

----

## ⑤ 裁判手続に関する免除

> **裁判権免除の原則**

対外国民事裁判権法は，別段の定めがない限り外国等はわが国の民事裁判権から免除されるとしたうえで（4条），裁判手続，保全・執行手続（→⑥）のそれぞれについて，免除が認められない場合を詳しく定めている。

> **裁判権に服することの同意**

外国等は，条約，書面による契約，裁判での陳述や書面による通知により，特定の事項または事件に関して裁判権に服することを明示的に同意した場合，裁判手続から免除されない（5条1項）。例えば，日本裁判所の専属管轄合意（→第3章2⑭）があれば裁判権行使が可能と解されるが，日本法を準拠法とする合意はここでいう同意にならない（2項）。

外国等が自ら訴えを提起したり，裁判手続に参加したり（免除主張のためだけに参加した場合を除く），本案に異議なく応訴した場合には，裁判手続への同意があったものとみなされる（6条1項）。ただし，期日への不出頭や代表者が証人として出頭したことを同意と見ることはできない（3項）。外国等が提起ないし当事者として参加した手続で反訴が提起されたときはこの反訴について，外国等が反訴を提起したときは本訴について，同意があったものとみなされる（7条）。

> **商業的取引**

8条は，本法が採用した制限免除主義の核となる規定である。これによると，

「商業的取引」に関する裁判手続について，外国等は裁判権から免除されない。ただし，自国の国民・企業との取引については，その国で裁判を行うのが相当との考慮から免除が認められるほか，国家間の取引であったり，当該取引を商業的取引としない合意が当事者間にある場合には，免除が認められうる。

ここでいう「商業的取引」とは，「民事又は商事に係る物品の売買，役務の調達，金銭の貸借その他の事項についての契約又は取引」をいう。労働契約は9条で規定されるため，これに含まれない。

制限免除主義においては，免除の対象となる主権的行為とそれ以外の区別が問題とされ，行為の性質を基準とする考え方（行為性質基準説），動機・目的を基準とする考え方（行為目的基準説）が対立していた。前者は，問題となる行為が，外交，軍事・警察，立法（国有化など），行政（外国人追放行為など），司法（裁判拒否など）のように，性質上国にしかできないものであれば，主権的行為として免除を認めるものであり，客観的判断を可能にする点で支持者が多い。平成18年の最高裁判決（前述）は，傍論において，問題となる外国の行為（大型コンピュータの売買）は「その性質上，私人でも行うことが可能な商業取引であるから，その目的のいかんにかかわらず」免除の対象にならないという。また，東京高判令和元年10月29日（金判1596号8頁）によると，アルゼンチンによる円建て外債の発行は「私人でも行うことが可能な商業取引」であるから，債券償還等の請求につき主権免除は認められない。国家免除条約2条2項も「契約又は取引の性質」を商業的取引の主な判断基準としており（ただし，当事者間に別段の合意があるか，法廷地国が行為目的を基準とする場合には，行為の目的

をも考慮すべきであるとして、免除の制限に消極的な国々との妥協を図っている)、対外国民事裁判権法8条の「商業的取引」該当性も、原則として行為の性質により判断されるべきである。

> **労働契約**

労働契約に関しては、職員雇用に関する外国の利益、労働者保護に関する法廷地国の利益、労働者個人の利益を調整する必要があるため、9条が特則をおく。その1項によると、日本で労務が提供される労働契約につき、外国等は裁判権から免除されない。しかし、当該個人が外交官などの外交特権享有者である場合(2項1号)、暗号通信官のように当該外国等の重大な利益に関わる任務のために雇用された者である場合(2号)、日本に通常居住しない当該外国国民である場合(5号)には免除が認められる。採用・再雇用の契約の成否に関わる訴訟(3号)、解雇など労働契約終了の効力に関する訴訟で外国等の安全保障上の利益を害しうるもの(4号)については、雇用に関する外国等の裁量権を尊重する見地から免除が認められる。もっとも、不採用や解雇を理由とする損害賠償の請求は、外国等に雇用を強いるものではないため、裁判権行使が許されることに注意が必要であろう。当事者間に書面による別段の合意がある場合にも免除が認められるが、労働者保護の見地から、公序によって制限される場合がありうる(6号)。

> **人の死傷・有体物の滅失**

外国公務員が日本で起こした交通事故のような不法行為については、被害者保護の見地から日本で訴訟を認める必要がある。そのため10条は、日本に所在した者が日本国内で行った行為から生じた人の死傷、有体物の滅失・毀損につき、外国等に金銭賠償を求める裁判手続に関して、外国等は裁判権から免除され

ないとした。

不動産に関する権利・利益

不動産に関する物権訴訟は所在地国の領土主権に関わるため，絶対免除主義の下でも例外的に裁判権行使が許されてきた。11条1項も，同様の見地から，日本所在不動産に関する外国等の権利，利益，占有や使用等について免除を認めない。この規定は外国の在日本公館にも適用があり，公館用不動産の賃料請求訴訟などが可能になるが，保全や執行については制限があるほか（→⑥），「外交関係に関するウィーン条約」（ウィーン外交条約：昭39条14）22条3項は，使節団公館が差押えや強制執行から免除される旨の定めをおく。

外国等が動産・不動産につき相続，贈与や無主物の取得によって得た権利や利益についても，公平の見地から裁判権の行使が認められる（対外国民事裁判権法11条2項）。

裁判所が関与する財産の管理・処分

信託，破産，会社の清算といった財産の管理や処分については，裁判所が全ての関係者の利益を総合的に考慮し，画一的に決定することが求められる。そのため，日本の裁判所が関与するこれらの手続に外国等が権利や利益をもつ場合，それに関する裁判手続について免除は認められない（12条）。

知的財産権

外国等がわが国で知的財産権を登録した場合には，それに関して日本の法制度に服したものと認められるうえ，日本の知的財産権の存否や日本での知的財産権侵害をめぐる紛争については，日本の裁判所での審理が最適と考えられる（→第3章2⑫）。そのため13条は，特許権のように日本の法令で定められた知的財産権，肖像権のように

日本法上保護される利益に関わる知的財産権の存否，効力，帰属
または内容（1号）および侵害（2号）に関する裁判手続につき，
免除を認めないこととした。

団体構成員としての資格 外国等が日本の法人や団体の構成員となった場合，その資格や権利義務に関する紛争は日本の裁判所で解決するのが適当
であるから，免除は認められない（14条）。

船舶の運航等 外国等が所有ないし運行する船舶が商業目的に使用されていた場合，その運行や
当該船舶による貨物運送に関する紛争につき，外国等は裁判手続
から免除されない（15条）。

仲裁の合意 外国等は，商業的取引に関して他国の私人や私企業と仲裁（→第12章1①）を合
意した場合，仲裁合意の存否・効力や仲裁手続に関する裁判手続
につき，裁判権から免除されない（16条）。仲裁判断に基づく執
行決定の申立て（仲裁46条，令5法53改正後の48条）に対する
裁判もこれに含まれるが，民事執行の実施がこれによって許され
るわけではない。

### ⑥ 保全処分・民事執行の手続に関する免除

特則の意義と対象 保全処分や民事執行の実施は外国国家に直接的打撃を与えるため，裁判手続とは
別に免除の有無が判断される。ここでいう保全処分・民事執行は，
外国等が日本に有する財産に対するものをいう。発令だけでは外
国等の財産に直接的影響を与えない間接強制命令などはこれにあ
たらない。

> **保全処分・民事執行に関する同意**

外国等は，その財産に対し保全処分・民事執行を行うことにつき，条約，仲裁に関する合意，書面による契約，手続上の陳述や書面による通知で明示に同意した場合には，裁判権から免除されない（対外国民事裁判権法17条1項）。保全処分・民事執行のために特定財産を指定したり，担保として提供した場合にも，外国等は裁判権から免除されない（2項）。所有不動産への抵当権設定などがこれにあたる。裁判手続に服することの同意（→⑤）は，保全処分・執行手続への同意を意味するものではなく（3項），仲裁合意だけで仲裁判断の執行まで同意したと見ることはできない。

*Column* ⑤　投資紛争解決条約 ················································

　国家を相手方とする私人の権利保護にはなお大きな障害があり，このことは，発展途上国への民間投資を阻害する要因となりうる。そのため，1965年，世界銀行主導のもとで締結された「国家と他の国家の国民との間の投資紛争の解決に関する条約」（投資紛争解決条約）により，私企業と投資受入国の間の紛争処理（調停および仲裁）を行う機関として，「投資紛争解決国際センター」（ICSID）が設立された。ここで下された仲裁判断は両当事者を拘束し（53条），各締約国はそれを承認・執行する義務を負う（54条）。ただし，55条によれば，54条は執行免除に関する締約国国内法に影響を及ぼさないとされるため，その内容によっては，仲裁判断を執行できない場合もありうる。

> **商業目的財産**

商業的な目的にのみ使用される外国等の所有財産は，民事執行手続から免除されない（18条1項）。商船，賃貸用不動産，商業目的の預金口座などがこれにあたるが，主権的活動のための資金も併せて管理する

混合口座は含まれない。外交使節団等の任務遂行のための財産，軍事的性質の財産，販売が予定されない文化遺産や公文書などもここでいう「財産」に含まれないが（2項），これらについて，保全処分・執行手続への同意を行うことは可能である（3項）。

外国中央銀行　中央銀行やそれに準ずる組織（金融管理局など）は，国家の通貨政策を担う特殊な地位にあるため，日本に単なる運用資金を保有する場合のように，「外国等」にあたらないとき（2条3号参照）でも，免除の対象となる（19条）。

# 第3章　国際裁判管轄

【*Case*】① 外国製中古車を販売する日本法人Ｘは，ドイツ在住日本人Ｙとの間で，ドイツにおける中古車の買付けを委託する契約を同国で締結した。買付資金はＸからＹに預託されたが，その管理をめぐって両者間に紛争を生じた場合，Ｘは日本裁判所でＹを被告とする預託金返還請求訴訟を提起できるか。

② 米国ネバダ州でカジノを経営する同州法人Ｙは，提携関係にあった日本法人の代表者である日本人Ｘが外国で賄賂供与等の行為に関与しており，これが自らの賭博営業免許の維持を脅かす可能性があるとして，Ｘの行為をウェブサイト上で公表した。Ｙのウェブサイトが日本でも閲覧され，Ｘの名誉・信用が毀損された場合，Ｘは日本裁判所でＹを被告とする損害賠償請求訴訟を提起できるか。

## *1*　財産関係事件の国際裁判管轄・総論

### ① 国際裁判管轄の意義

　国際裁判管轄とは，ある渉外民事事件について，どの国が裁判を行うべきか，すなわち国際的な裁判事務の振り分けを決める問題をいう。渉外的な民事紛争については，国際公法上の紛争を扱う国際司法裁判所のような普遍的紛争処理機関がいまだ存在しないので，各国裁判所に処理が委ねられる。他方，前章で見たように，国際法は各国裁判権の行使範囲につき，当事者の特殊な地位

を理由とした制約をおくのみであり，通常の私人間紛争については裁判権行使に制限を課していない。そこで，具体的にどの国の裁判所が審理を行うべきか，見方を変えれば，当事者がどの国で裁判上の権利保護を受けることができるかが問われることになる。

わが国で裁判を行う場合には，さらに，国内裁判所のうち，具体的にどの裁判所が事件を審理するかが問題となるが，これは国際裁判管轄の存在を前提とした国内管轄の決定問題（民訴4条以下）であり，両者は平面を異にする。もっとも，国内管轄と国際裁判管轄とは，その判断基準に共通する面が少なくない。

国際裁判管轄の決定は法廷地の決定を意味し，法廷地の決定は，法廷地国際私法を通して，実体判断に適用される準拠法の決定を左右する。国際私法の内容には国によって違いもあるから，渉外事件の実際においては，国際裁判管轄の決定が事件の帰趨を決めることが少なくない。したがって，その存否判断には微妙なさじ加減が要求される。管轄の範囲を広げすぎると，各国の管轄範囲が重なるため（管轄権の積極的抵触），原告は，当該事件を管轄する複数国の中から，自己に有利な法廷地を選んで訴えを提起できることになる。渉外事件の場合，複数国の管轄が競合するのが常態であり，このような「法廷地漁り」（forum shopping）を完全に禁じることはできないが，選択権をもたない被告の立場を過度に不安定化しないよう，その可及的防止に努めなければならない。しかし，逆に国際裁判管轄を認めることに過度に抑制的になると，管轄権の消極的抵触が生じ，当事者がいずれの国においても権利保護を受けられないという事態を招きかねない。そのため，事案と法廷地との牽連性や当事者の便宜等を勘案しつつ，適切な範囲で国際裁判管轄を決定することが求められる。

## ② 間接管轄と直接管轄

　国際裁判管轄の存否は，2つの異なった局面で問題となる。1つは，法廷地国（日本）の裁判所が渉外事件の実体審理を行うに当たって具備すべきものであり，これを直接管轄と呼ぶ。いま1つは，外国判決を承認するための要件として，判決を下した国が備えているべき国際裁判管轄であり（民訴118条1号），間接管轄（ないし承認管轄）と呼ばれる（直接管轄規則と間接管轄規則の関係につき第9章 *3*①を参照）。

## ③ 国際裁判管轄の法源

　国際裁判管轄の決定が，裁判権行使の役割を各国に割り振る作業に他ならないとすれば，それは裁判権の存否判断と同じく，本来は国際法の守備範囲に属すべき問題だということになろう。ところが実際には，国際裁判管轄に関する慣習国際法上の規則はほとんどないため，具体的規律は各国の裁量に委ねられており，各国は，自主的に締結する条約や国内法によって，これを個別的に規律している。

### *Column ⑥*　慣習国際法と国際裁判管轄

　慣習国際法上，国際裁判管轄の範囲画定にどのような制約があるかについては，なお検討すべき点が少なくない。例えば，事件の内容や当事者の合意，応訴を含め，いかなる意味においても事件と関連性をもたない国家が国際裁判管轄を行使することは，慣習国際法に反し許されない，との主張があるが，全く内国牽連性がない事件について，国家が自国司法機関の利用を許すことは実際上考えにくいため，このような議論の有用性を疑問視する向きもある。いずれにせよ，財産所在地管轄を定めるドイツ民訴法23条のような，い

わが国が批准した個別条約のいくつかは，国際裁判管轄に関する規定をおく。例えば，1929 年の「国際航空運送についてのある規則の統一に関する条約」（いわゆるワルソー条約：昭 28 条 17）28 条 1 項によると，国際航空運送から生じた損害賠償請求訴訟は，①運送人の住所地，②運送人の主たる営業所所在地，③運送人が契約を締結した営業所所在地，④到達地，のいずれかの裁判所で提起することができる（ここでいう到達地がわが国にあるとして国際裁判管轄を認めた事例として，東京地中間判昭 62・5・8 判時 1232 号 40 頁，東京地中間判昭 62・6・23 判時 1240 号 27 頁）。

　他方，航空運送人の責任限度額撤廃を目指して 1999 年に成立した「国際航空運送についてのある規則の統一に関する条約」（いわゆるモントリオール条約：平 15 条 6）は，ワルソー条約が定める 4 つの管轄原因だけでは旅客保護に十分でないとみて，これに「事故の発生の時に旅客が主要かつ恒常的な居住地を有してい

た」締約国裁判所を加えた。ただし，それは「旅客の死亡又は傷害から生じた損害についての損害賠償の訴え」に限られ，またこの場合，運送人は，当該国に営業所をおき，当該国を到達地または出発地とする旅客航空運送業務に従事していなければならない（33条2項）。

　これらの例外を除けば，わが国において国際裁判管轄を規定する条約はないに等しく，その規律は基本的に国内法に委ねられている。ところが，従来のわが国国内法は，後見開始審判や失踪宣告（法適用5条・6条），破産手続開始決定（破4条）などについて散発的な定めをおくにすぎず，財産関係事件一般に関する明文の国際裁判管轄規則をもたなかったため，多くの解釈上の議論を呼んできた。このような状況を是正し，管轄判断を安定的かつ予見可能性の高いものとするため，財産関係事件については平成23年の民事訴訟法改正，人事・家事事件については平成30年の人事訴訟法・家事事件手続法の改正により，国際裁判管轄に関する規定が導入された。

*Column* ⑦　ブリュッセル規則------------------------------------------

　国際裁判管轄について，統一的規律を行う一般条約はいまだ存在しない。しかしヨーロッパにおいては，1968年に「民商事事件における裁判管轄権及び判決の執行に関する条約」（いわゆるブリュッセル条約）が成立し，これは，1992年のルガノ条約（2007年に改正）によって，妥当領域をEC域内からEFTA（ヨーロッパ自由貿易連合）諸国に拡大したのち，2001年に規則化されて今日に至っている（ブリュッセルⅠ規則。2012年の改正後はブリュッセルⅠ規則 recast と呼ばれる）。また，婚姻や親責任事件の裁判管轄・判決承認については，いわゆるブリュッセルⅡ規則が2000年に成立したのち，2003年に改正を受けている（ブリュッセルⅡ bis 規則）。両規則の規律内容は多

くの点で並行しており，解釈の統一性を担保する欧州司法裁判所の判例とともに，わが国での解釈や立法論を考えるにあたって参考とすべき点が多い。

### ④　国際裁判管轄法理の展開

逆推知説から管轄配分説へ

平成23年改正以前の民訴法は，その4条以下で国内管轄だけを規定していたため，国際裁判管轄の決定は条理によるべきものとされたが，そこでいう条理の具体的内容につき見解は分かれていた。古い時期の通説・判例は，民事訴訟法の国内土地管轄規定によってわが国裁判所の1つが国内管轄をもつときには，それは同時に，わが国が全体として国際裁判管轄をもつことを意味すると理解した（国内管轄の存否から国際裁判管轄の存否を推知するという意味で，逆推知説と呼ばれる）。これに対して多くの学説は，このような考え方は判断のプロセスが逆転していると批判し，当事者間の公平，裁判の適正・迅速という訴訟法上の理念により，民訴法上の国内管轄規定を渉外事件の特性に応じて修正した上で，国家間での合理的な管轄配分ルールを定立すべきだと主張していた（管轄配分説）。

そのような状況下で，昭和56年に下されたマレーシア航空事件最高裁判決は，一般論として管轄配分説の理念を説きながら，具体的には国内管轄規定からの逆推知によって管轄肯定の結論を導いている。

判例　マレーシア航空事件（最判昭56・10・16民集35巻7号1224頁）

日本人Aは，マレーシアへの出張中，同国内で同国航空会社Y

と旅客運送契約を締結し，Yの国内線旅客機に搭乗中，墜落事故に遭って死亡した。Aの遺族であるXら（日本在住）は，Yを被告として，運送契約不履行に基づく損害賠償請求の訴えを日本で提起したが，Yは日本の国際裁判管轄を争った。

　判旨によると，国際裁判管轄については，これを「直接規定する法規もなく，また，よるべき条約も一般に承認された明確な国際法上の原則もいまだ確立していない現状のもとにおいては，当事者間の公平，裁判の適正・迅速を期するという理念により条理にしたがって決定するのが相当」であり，「民訴法の規定する裁判籍のいずれかがわが国内にあるときは，これらに関する訴訟事件につき，被告をわが国の裁判権に服させるのが右条理に適う」。Yは東京に営業所をもつから，わが国の裁判権に服させるのが相当である，と。

管轄配分説から「特段の事情」論へ

その後の下級審裁判例は，最高裁が示した一般論に従いつつ，「わが国で裁判を行うことが当事者間の公平，裁判の適正・迅速を期するという理念に反する特段の事情がある場合を除き」，民訴法の定める裁判籍のどれかが国内にあれば国際裁判管轄を認める，という考え方を確立してゆく（「特段の事情」論）。これは，土地管轄規定からの逆推知によって管轄規則の明確性を担保するとともに，「特段の事情」という限定的利益衡量判断の枠組を設けることにより，具体的妥当性の確保をも図ったものといえよう。最高裁も，平成9年の判決でこの考え方を追認した。

判例　**ファミリー事件**（最判平9・11・11民集51巻10号4055頁）

　自動車輸入業者である日本法人Xは，ドイツに住所・営業上の本拠をおく日本人Yとの間で，外車の買付け等をYに委託する旨の契約をドイツで締結し，買付資金をドイツにあるYの銀行口座に送金した。しかしその後，Xは，Yの預託金管理に不信感をつ

のらせ，Yに預託金返還を求めるとともに信用状での代金決済を
提案したが，これを拒絶されたため，自己の本店所在地が債務履行
地であるとして，日本で預託金の残金および遅延損害金の支払いを
求める訴えを提起した。

　最高裁はまず，国際裁判管轄の決定は「当事者間の公平や裁判の
適正・迅速の理念により条理に従って決定するのが相当」とした上
で，「我が国の民訴法の規定する裁判籍のいずれかが我が国内にあ
るときは，原則として……被告を我が国の裁判権に服させるのが相
当であるが，我が国で裁判を行うことが当事者間の公平，裁判の適
正・迅速を期するという理念に反する特段の事情があると認められ
る場合には，我が国の国際裁判管轄を否定すべきである」という。
本件契約はドイツでの業務をYに委託するためにドイツで締結さ
れたものであり，履行地を日本とする合意も準拠法を日本法とする
合意もないことからすれば，「本件契約上の債務の履行を求める訴
えが我が国の裁判所に提起されることは，Yの予測の範囲を超え
る」。さらに，「Yは，20年以上にわたり，ドイツ連邦共和国内に
生活上及び営業上の本拠を置いており，Yが同国内の業者から自
動車を買い付け，その代金を支払った経緯に関する書類などYの
防御のための証拠方法も，同国内に集中している」うえ，「Xは同
国から自動車等を輸入していた業者であるから，同国の裁判所に訴
訟を提起させることがXに過大な負担を課することになるともい
えない」。したがって，「本件については，我が国の国際裁判管轄を
否定すべき特段の事情がある」とした。

　本判決に対しては，日本に債務履行地管轄が認められるかを明
らかにしないまま，あらゆる事情を考慮して管轄否定の結論を導
いた点で，利益衡量判断の肥大化を招くとの批判が少なくない。
米国のフォーラム・ノン・コンヴェニエンス（*forum non conveni-
ens*）制度のように，広範な利益衡量を許す管轄判断の枠組が法

的不安定をもたらすことは自明だからである。もっとも，渉外事件の多様性にかんがみれば，事件ごとの特殊性を考慮することなく，管轄原因の有無だけで適正・妥当な管轄決定を行うことは難しい。したがって，最高裁が「特段の事情」という限定的利益衡量の余地を認めたのは正当であり，これは平成23年改正後の民事訴訟法にも，「特別の事情」判断という形で受け継がれた。

*Column* ⑧　フォーラム・ノン・コンヴェニエンス・・・・・・・・・・・・・・・・・・・・・

　　受訴裁判所が，訴訟追行に関する当事者の便宜や審理を行うについての裁判所の便宜（裁判所の混雑や外国法の適用可能性を含む），判決の実効性といった観点から，他国（または他州）裁判所で審理を行うのがより適切であると判断する場合に，裁量により，管轄権行使を差し控えることを許す英米法上の制度。不便宜法廷地の理論と訳されることもある。この場合，裁判所は，訴えの却下ないし手続の中止（stay）を命じることができるほか，代替的法廷地で債権の時効を援用しないなど，一定の条件を被告側に課すこともできる。

・・・・・・・・・・・・・・・・・・・・・・・・・・・・・・・・・・・・・・・・・・・・・・・・・・・・・・・・・・・・・・・・・・・・・・・・・・・・・・・・・・・・

### ⑤　民事訴訟法における国際裁判管轄の判断枠組

> 特別の事情

平成23年改正民訴法は，3条の2〜3条の8で日本裁判所に管轄権が認められる場合を列挙したのち，これらによって管轄権を肯定すべき場合でも，裁判所は「事案の性質，応訴による被告の負担の程度，証拠の所在地その他の事情を考慮して，日本の裁判所が審理及び裁判をすることが当事者間の衡平を害し，又は適正かつ迅速な審理の実現を妨げることとなる特別の事情があると認めるとき」は，訴えの全部または一部を却下できるとした（3条の9）。ただし，日本裁判所への専属管轄合意に基づいて訴えが提起された場合は，

当事者の予見可能性を害さないよう，この例外処理の対象外とされたことに注意が必要である。

　本条は，事案の性質，被告の応訴負担，証拠の所在を考慮要素にあげつつ，従来の判例理論を踏襲して，当事者間の衡平，裁判および審理の適正・迅速を判断基準とした。しかし，具体的にどのような事情をどう考慮して管轄否定の結論を導くかについては，今後の事例の蓄積をまつべき部分が大きい。

　証拠収集の困難を理由に国際裁判管轄を否定した事例として，遠東航空機事件（東京地判昭 61・6・20 判時 1196 号 87 頁）がある。本件においては，台湾での国内線旅客機墜落事故で死亡した被害者の遺族らが，日本で米国法人 2 社を相手に製造物責任の訴えを提起した。共同被告の一方は日本に営業所をもち，他方については併合請求の裁判籍を認める余地があったが，裁判所は，日本と台湾の間には正式の国交がなく，司法共助による証拠の利用ができないから，国際裁判管轄を否定すべき特段の事情があるとした。このような事情は 3 条の 9 の下でも同様に考慮されよう。

　国際的二重起訴（→第 4 章）を国際裁判管轄の決定問題と見る立場においては，外国での先行訴訟係属を「特別の事情」の判断要素とすべきことになる。最近の最高裁判決は，訴訟物が異なるため二重起訴にはならないが，外国裁判所で関連訴訟が先行して係属・進行しているという事情を重視し，訴えを却下すべき「特別の事情」があるという。

　判 例　ユニバーサルエンターテインメント事件（最判平 28・3・10 民集 70 巻 3 号 846 頁）‥‥‥‥‥‥‥‥‥‥‥‥‥‥‥‥‥‥

　　米国ネバダ州法人 Y は，同州で賭博営業免許を受けてカジノを経営している。Y の株式の 20% を保有する同州法人 A は，日本法

人 $X_1$ の子会社であり，$X_2$ は $X_1$ の取締役会長であった。Y は，$X_2$ が外国での賄賂供与など賭博営業免許の維持を脅かす行為に関与したとの報告を受け，A・X らを定款上の不適格者と判断して取締役会で A 保有株式の強制償還を決議するとともに，決議および $X_2$ の行為の概要をウェブサイト上で公表した。さらに Y は，同州裁判所において，$X_2$ の信認義務違反に基づく損害賠償等を求める訴えを提起し，これに対して A と $X_1$ は，取締役会決議の履行差止めと損害賠償を求める反訴を提起している。他方，$X_1$・$X_2$ は，ウェブサイトへの上記記事の掲載により名誉および信用を毀損されたとして，損害賠償を求める訴えを日本で提起した。

判旨によると，本件訴訟は「別件米国訴訟に係る紛争から派生した紛争に係るもの」であり，「本件訴訟の本案の審理において想定される主な争点についての証拠方法は，主に米国に所在する」うえ，「X らも Y も，Y の経営に関して生ずる紛争については米国で交渉，提訴等がされることを想定していた」。また，「X らは，別件米国訴訟において応訴するのみならず反訴も提起している」以上，「本件訴えに係る請求のために改めて米国において訴訟を提起するとしても，X らにとって過大な負担を課することになるとはいえない。加えて，上記の証拠の所在等に照らせば，これを日本の裁判所において取り調べることは Y に過大な負担を課することになる」から，民訴法 3 条の 9 にいう「特別の事情」がある。

準拠法が外国法になることを，内国管轄の否定に働く要素として考慮する見方もないではないが（仙台高判平 23・9・22 判タ 1367 号 240 頁），準拠法決定と管轄決定は別平面の問題であり，内外国法の平等扱いを前提とする国際私法の理念からも，正当化できない。また，内国管轄を否定する場合には，準拠法や経済水準の違いによって賠償額が相対的に低下することもありうるが，これも管轄判断に反映すべきものではない。ただし，内国管轄を

否定する結果，法廷地となる外国裁判所において，準拠法の相違により原告が権利保護を受けられないといった特殊な事情は，次に述べる緊急管轄の判断要素となりうる。

緊急管轄　管轄規則上は内国に国際裁判管轄が認められないが，外国で裁判を受けられない特殊事情がある場合には，司法拒絶（→*Column* ⑥）を避けるために，内国で例外的に管轄権を認めなければならない。これを緊急管轄（Notzuständigkeit）と呼ぶ。わが国においてこれに該当するケースはいまだ見られないが，離婚事件で同様の発想を示す裁判例がある（→第13章 *1* ①）。民訴法は明文規定をおかないが，条理解釈上，これを認める可能性は否定されない。

# *2* 財産関係事件の管轄原因

## ① 被告の住所地・主たる営業所所在地の管轄

被告の住所地　民事訴訟の被告は，一般に原告からの訴えに対して受動的な立場におかれる。そのため，裁判の場所を決めるにあたっては，被告の応訴の便宜をより重視して，その住所を原則的管轄地とする扱いが古くから認められてきた。「原告は被告の法廷地に従う」（*actor sequitur forum rei*）というローマ法以来の法諺は，この考え方の普遍的妥当性を物語っている。

国内管轄規定である民訴法 4 条は，従来から，被告の住所地の裁判所に一般的管轄権を認めていたが，同じ趣旨から，平成 23 年改正民訴法 3 条の 2 第 1 項前段は，「人に対する訴え」につき，

「その住所が日本国内にあるとき」にわが国の国際裁判管轄を認めた。この場合の管轄権は、契約、不法行為といった事件類型にかかわらない点に特徴がある。これは、事件の特性に応じた管轄原因が認められない場合に、ある者を被告として裁判での権利保護を求めるにつき、最後の受け皿としての役割を果たすと見ることもできよう。

住所の概念は国によって異なるが、日本法の解釈上、本条にいう住所は人の生活上の本拠を意味する。国際私法による準拠法決定には常居所という基準が多く用いられるが（法適用8条2項・11条2項・19条など）、これと本質的に異なるものではない。

被告の住所が日本にも外国にも存在せず、あるいはその所在が知れないが、日本に被告の居所がある場合には、日本でこの者に対する訴えの提起が認められる（民訴3条の2第1項中段）。居所とは、生活の本拠ではないが、人が一定期間継続して居住する場所をいう。民訴法4条2項は、「日本国内に住所がないとき又は住所が知れないとき」に居所に基づく国内管轄を認めている。平成23年改正前は、これを国際裁判管轄の決定に類推すると、外国に住所をもつ被告に対しても、内国で居所に基づく管轄権を認める結果になるという問題が指摘されていた。そのため3条の2第1項は、「日本国内に」という文言を削り、単に「住所がない場合又は住所が知れない場合」と規定することで、日本にも外国にも住所がないか知れないことが必要だということを明確化し、過剰な管轄権行使を招かないよう配慮した。

居所がなく、または居所が知れない者が、日本に最後の住所を有していた場合には、日本に国際裁判管轄が認められる（民訴3条の2第1項後段）。ここでも、民訴法4条2項にある「日本国内

に」という文言が除かれ，日本だけでなく外国にも居所がない場合に限ることが明らかにされた。また，被告が日本国内に最後の住所を有していたが，その後，訴え提起前に外国に住所を有していた場合には，その国での提訴がより合理的であるため，日本の国際裁判管轄は認められない（同項後段括弧書）。

**大使・公使等の特例**　大使，公使など，外国に居住しているが，その国の裁判権から免除（→第2章 *1*）される日本人については，日本でその者に対する訴えの提起が可能になるよう配慮しなければならない。そのため民訴法3条の2第2項は，これらの日本人に対する訴えについては，日本に住所・居所等がない場合でも，国際裁判管轄が認められると規定した。

**法人の主たる営業所の所在地**　法人を被告とする訴訟は，その指揮命令系統の中心地で提起させるのが被告の防御権保障という趣旨にかなう。そのため民訴法3条の2第3項は，まず，法人その他の社団・財団の「主たる事務所又は営業所」が日本国内にあるときにわが国の国際裁判管轄を認めた。また，「事務所若しくは営業所がない場合又はその所在地が知れない場合」には，「代表者その他主たる業務担当者の住所が日本国内にあるとき」に内国裁判所の管轄が認められる。ここでいう「事務所若しくは営業所」には限定がないので，日本だけでなく外国にもそれがないか，所在地が知れない場合を意味する。外国に事務所・営業所があれば，そこで訴えを提起させるのが合理的と考えられるからである。

　国内管轄規定である民訴法4条5項は，「外国の社団又は財団」に対する一般的管轄権を「日本における主たる事務所又は営業

所」の所在地，それがないときは「日本における代表者その他の主たる業務担当者の住所」に認めている。そのため平成23年改正前は，これを国際裁判管轄の決定に類推すると，外国に主たる事務所をもつ法人でも日本に営業所さえあれば一般的管轄権が認められる，という問題が指摘されていた。マレーシア航空事件判決（→1 ④）も，被告外国法人が東京に営業所をもつことを形式的理由として国際裁判管轄を認めていたが，現行法の下ではこのような扱いはできない。もっとも，外国法人の日本営業所や日本での事業の業務と関連する事件については，民訴法3条の3第4号・第5号による管轄権が認められうること（→⑤）に注意が必要である。

*Column* ⑨　法人の住所------------------------------------------------

　法人の従属法に関する国際私法上の議論（設立準拠法主義か本拠地法主義か）からも知れるように，法人に最も密接に関連する地をどう捉えるかについては，国によって考え方が異なる。そのためブリュッセル条約は，被告の住所に普通裁判籍をおくとともに（2条1項），法人については，「法廷地国際私法によって定まる」その本拠（seat）を住所とみなすこととした（53条1項）。これに対してブリュッセルI規則63条は，法人の定款上の本拠（statutory seat），統轄の中心地（central administration），主たる営業所（principal place of business）のいずれかがある場所を「住所」とみなすことにより，管轄規則の明確化を図っている。ただし，法人の設立の有効性などについては，従来通り，法廷地国際私法が決定する法人の本拠地に専属管轄が認められる（24条2号）。

------------------------------------------------

## ② 契約債務履行地管轄

債務履行地管轄の趣
旨・対象

契約の債権者は，債務者が履行地で契約
上の債務を履行することを期待している
から，履行がされなかったり不完全であ
った場合には，同じ場所で裁判上の救済を認めるのが当事者の予
測や便宜・公平にかなう。このような理由から，契約事件に関し
ては，債務の履行地に国際裁判管轄を認める国が多い。民訴法5
条1号は，「財産権上の訴え」一般について義務履行地の裁判所
に国内管轄を認めるが，不法行為債務に関しては，履行に関する
債権者の事前の期待は通常問題にならないうえ，別に不法行為地
に国際裁判管轄が認められるため（民訴3条の3第8号），履行地
に管轄を認める必要性に乏しい。そのため民訴法3条の3第1号
は不法行為請求を対象から除き，以下の請求を目的とする訴えに
ついて，債務の履行地に国際裁判管轄を認めることとした。

① 「契約上の債務の履行の請求」（売買契約に基づく代金支払請求
や目的物引渡請求など）。

② 「契約上の債務に関して行われた事務管理若しくは生じた不
当利得に係る請求」（売買契約の解除に伴う目的物や代金の返還請
求，委任契約の受任者が委任の範囲を超えて委任者のために事務を
行った場合の費用償還請求など）。

③ 「契約上の債務の不履行による損害賠償の請求」（売主が売買
目的物を引き渡さなかったことによる損害の賠償請求など）。

④ 「その他契約上の債務に関する請求」。

債務の履行地

上記の訴えについては，「当該債務の履
行地」が日本にあるときにわが国の国際

裁判管轄が認められる。

　ここでいう「当該債務」とは，原告が請求の原因として主張する契約上の債務をいう。例えば，売買契約に基づく代金支払請求であれば代金支払債務の履行地，目的物引渡義務の不履行による損害賠償請求であれば引渡義務の履行地が日本にあるかどうかが基準となる。後者の場合，損害賠償債務それ自体にも履行地はありうるが，そこに管轄を認めれば当事者の予測を害しうるため，引渡債務の履行地が基準とされる点に注意が必要であろう。

　旧法下では，「履行地」の決定方法につき，とりわけ契約準拠法によることを認めるかどうかをめぐって意見の対立があった（→*Column* ⑩）。民訴法３条の３第１号は，従来の学説上も異論のなかった「契約において定められた」履行地に管轄を認めるとともに，契約準拠法による履行地の決定を制限的に認め，「契約において選択された地の法によれば」当該債務の履行地が日本国内にあるときにも国際裁判管轄を認めることとした。

　「契約において選択された地の法」とは，法適用通則法７条により，当事者が契約準拠法として指定した法を意味する。債務の履行地に管轄を認める趣旨は，そこでの履行を債権者が期待し，債務者も予期していたことにあるから，それは実体法上の履行地でなければならず，渉外事件の場合，それは契約準拠法で定まるからである。当事者による準拠法の指定は，明示の合意だけでなく，黙示の合意による場合も含まれる。

　当事者による契約準拠法の指定がない場合には，契約に最も密接な関係がある地の法が準拠法となる（法適用８条）。しかし，このようにして定まる契約準拠法によって履行地を決め，そこに管轄権を認めると，当事者の予期しない結果を招く可能性が高い。

そのため現行法は，当事者が契約準拠法を指定した場合にだけ，それによって定まる履行地を管轄決定基準とした。

***Column ⑩*** **履行地の決定をめぐる議論**-----------------------------------------

　平成23年改正前においては，管轄原因である履行地の決定方法につき見解の対立があった。履行地管轄の趣旨が，履行地で給付を受けるについての債権者の期待を訴訟法上も保護する点にあると見る見解は，履行地の決定は実体法＝契約準拠法によるという（契約準拠法説）。ドイツの通説であり，下級審裁判例の多くもこれによっていた（東京地判平5・4・23判時1489号134頁など）。これに対して学説上の多数説は，法廷地が決まらないと国際私法は決まらず，契約準拠法も決まらないはずであること，契約準拠法の合意がない場合には当事者の予期しない地に管轄を認める結果になりうることなどを理由に，契約準拠法説を批判する。そして，これは国際民訴法の解釈問題にほかならないから，契約準拠法によらず，国際民訴法独自の見地から判断されるべきであり，具体的には，履行地が契約上明記されるか一義的に定まる場合にのみ，履行地管轄を認めるとしていた（国際民訴法独自説）。他方，ファミリー事件最高裁判決は，この点について態度を明らかにすることなく，直接に「特段の事情」判断によって訴えを却下したため（→1④），批判を招いていた。

-----------------------------------------------------------------------

### ③　手形・小切手の支払地管轄

　手形・小切手による金銭支払請求訴訟については，支払義務者の予見可能性を保障しつつ，手形・小切手の所持者に債権の簡易迅速な回収を保障する見地から，支払地が日本国内にあるときに国際裁判管轄が認められる（民訴3条の3第2号）。

## ④ 請求の目的・被告財産の所在地管轄

請求の目的の所在地

財産権上の訴えにつき，請求の目的が日本国内にあるときには，証拠収集の便宜，判決執行の容易さ等の観点からわが国の国際裁判管轄が認められる（民訴3条の3第3号前段）。

　請求の目的とは，訴えによって存否が主張される権利または法律関係の対象をいい，有体物（動産・不動産）だけでなく，物権，債権，知的財産権のような財産権を含む。債権についてはその所在地が問題となるが，物の引渡しを目的とする債権であれば当該物の所在地，金銭債権については第三債務者の普通裁判籍所在地（民執144条2項参照）を所在地と見るべきであろう。消極的確認訴訟についてもこの管轄権が認められうるが，原告が，被告の金銭債権が日本にあるとしてその債務不存在確認を求めるような場合には，主張に一定の矛盾を含むほか，判決執行の可能性もなく，原告が常に自分の住所地で訴えを提起できるといった問題が指摘されている（東京地判昭62・7・28判時1275号77頁）。

被告財産の所在地

財産権上の訴えであって，「金銭の支払を請求するもの」については，「差し押さえることができる被告の財産が日本国内にあるとき」にわが国の国際裁判管轄が認められる（民訴3条の3第3号後段）。被告の一般財産の所在地に国際裁判管轄を認める趣旨は，そこで原告が勝訴判決を得た場合に，被告財産への執行によって迅速な債権回収を期待できる点にある。逆にいうと，債務不存在確認請求のように，被告財産からの債権回収を目的としない訴えについて，この管轄を認める合理性はない（東京地判平29・7・27 LEX/

DB 25448855)。本号が金銭支払請求訴訟に対象を限定したのはこの理由に基づく。

被告財産の所在地管轄は，請求額と釣り合わない些少な財産が内国に所在するに過ぎない場合には，過剰管轄をもたらすおそれがある。そのため本号は，「その財産の価格が著しく低いときを除く」と明記した。

*Column ⑪*　**過剰管轄**--------------------------------------------

　　法廷地国との関連が極めて薄い事件についてまで管轄権行使を許すため，その合理性が国際的に疑問視されるような管轄規則のことを，過剰管轄（excessive jurisdiction）と呼ぶ。ごく短時間でも被告が法廷地州領域内に所在すれば訴状送達が認められ，それに基づいて対人管轄権が発生するという米国の一時滞在ルール（transient rule），原告がフランス国籍をもつことだけを理由に管轄権を認めるフランス民法 14 条などがその典型である。過剰管轄は一般国際法に違反するものではないが，被告の手続的権利を害するおそれが強いため，条約上その行使が制限されることも少なくない。例えばブリュッセル I 規則・ルガノ条約 3 条 2 項は，加盟国居住者に対する過剰管轄の行使を禁じ，その具体例としてドイツの財産所在地管轄規定などを付属書に列挙している。

--------------------------------------------

### ⑤　営業所所在地・事業地の管轄

　　　　　　　　　　　　　　被告が日本に事務所・営業所をおく場合，
| 営業所所在地 |
「その事務所又は営業所における業務に関する」訴えについて，日本の裁判所に管轄権が認められる（民訴 3 条の 3 第 4 号）。これは，証拠収集や訴訟追行の便宜，当事者の予測可能性といった見地から，平成 23 年改正前も民訴法 5 条 5 号の類推という形で異論なく認められてきた管轄原因であるが，

業務関連性という要件の解釈については検討の余地がある。

まず，ここでの「業務」は，5号と異なり「日本における業務」に限られていないから，例えば日本営業所がアジア地域の業務全般を統括するような場合には，当該地域での取引に関連する訴えについて広く管轄権が認められる。

他方，「関連性」がどの程度のものをいうかについては，複数の考え方がありうる。その営業所で実際に行われた業務に関連すること（具体的業務関連性）が必要だと見れば，マレーシア航空事件のように，被告の日本営業所が契約に関与していなかった場合には関連性が否定される。これに対して，当該営業所が行いうる業務の範囲に含まれておれば足りる（抽象的業務関連性）と見れば，本号に基づく管轄を肯定できることになろう。

| 日本における事業 |

企業が外国での事業展開を図る場合，その手段は営業所の設置だけにとどまらない。子会社の設立，営業担当者の派遣，現地代理店の利用のほか，最近ではインターネットも有力な手段となっている。このような事情から，民訴法3条の3第5号は，「日本において事業を行う者」（日本で継続取引を行う外国会社を含む）に対する訴えが，「その者の日本における業務に関する」ものであれば，日本の裁判所に管轄権が認められるとした。米国において，法廷地の域内で事業活動（doing business）を行う外国法人や他州法人に対して管轄権行使が認められることはよく知られている。本号も同様の発想に基づくものではあるが，doing business に基づく管轄権は事件類型を問わない一般管轄権であり，その過剰性が問題とされる点で，本号と同一視することはできない。

本号にいう「事業」は営利を目的とするものに限られないが，

「日本において」行われるものでなければならない。外国会社が日本向けのウェブサイトを通して日本の顧客と取引を行っているような場合は，これに該当すると見てよいであろう。

　本号に基づく管轄権は，事業を行う者の「日本における業務に関する」訴えについてのみ認められる。インターネットで日本人客向けにツアー商品等を販売する外国会社は「日本において事業を行う者」にあたるが，専らその内部的管理業務のために締結された雇用契約は，「日本における業務に関するもの」に該当しないと見た裁判例がある（大阪地堺支判平28・3・17国際私法判例百選〔第3版〕158頁）。

### ⑥　海事事件の管轄

**船舶を担保とする債権**　船舶先取特権が認められる債権（船舶債権：商842条参照）や船舶抵当権によって担保される債権については，主に債権者の便宜という観点から，船舶所在地での訴え提起を許す必要性が認められる。海事債権に関しては，船舶を所在地で仮に差し押さえ，そこで本案の訴えを提起することが，国際的にも広く認められてきた。そのため民訴法3条の3第6号は，「船舶債権その他船舶を担保とする債権に基づく訴え」につき，「船舶が日本国内にあるとき」にわが国の国際裁判管轄を認めている。

**船舶衝突**　海上で船舶の事故があった場合，最初の寄港地で損害の調査を行い，修理を行うのが通常である。また，公海上での船舶衝突であれば，不法行為地管轄を利用することはできない。そのため，民訴法3条の3第9号は，「船舶の衝突その他海上の事故に基づく損害賠償の訴え」

につき，証拠収集の便宜や被害者救済といった見地から，「損害を受けた船舶が最初に到達した地が日本国内にあるとき」にわが国の国際裁判管轄を認めた。

　もっとも，国際海上運送では便宜置籍船が多く用いられるうえ，船舶を1つの港に滞留させることが経済的に許されないという事情もあるため，実際に訴訟を行うのは容易でない。公海上での外国船同士の衝突事件につき，被害船舶の最初の入港地（民訴5条10号）として日本で訴えが提起されたが，訴え提起時には両船舶・乗組員とも日本になく，外国法の適用や証拠調べに困難があることから，日本に管轄権を認めるべきでない特段の事情があるとした裁判例がある（仙台高判平23・9・22判タ1367号240頁）。そのため実務上は，衝突船舶の関係者間で協議し，船舶差押えを防ぐための保証状を交換するとともに，そこで裁判管轄を合意しておくことが多い。

```
　海難救助
```
　　　　　　　　　　国際的な海難救助は，ロイズ救助契約書式（LOF：Lloyd's Open Form）に準拠した救助契約によって行われることが多く，その場合，救助報酬はロイズ評議会の仲裁によって決定される。しかし，合意に基づかない救助がないわけではないため，民訴法3条の3第10号は，「海難救助に関する訴え」につき，証拠調べの便宜という観点から，「海難救助があった地又は救助された船舶が最初に到達した地が日本国内にあるとき」にわが国の国際裁判管轄を認めた。

## ⑦　社団・財団に関する訴えの管轄

　下記の訴えは，社団・財団を被告とするものではないが，証拠収集の便宜や同種事件での統一的判断の必要性から，社団・財団

が法人であれば「それが日本の法令により設立されたものであるとき」，法人でない場合は「その主たる事務所又は営業所が日本国内にあるとき」に，わが国の国際裁判管轄が認められる（民訴3条の3第7号）。

(イ) 「会社その他の社団からの社員若しくは社員であった者に対する訴え，社員からの社員若しくは社員であった者に対する訴え又は社員であった者からの社員に対する訴えで，社員としての資格に基づくもの」。前者の例としては社員に対する出資金請求の訴え，後者の例としては持分会社社員間の競業避止に関する訴え（会社594条）などがあげられる。

(ロ) 「社団又は財団からの役員又は役員であった者に対する訴えで役員としての資格に基づくもの」。役員の任務懈怠による損害賠償請求の訴えなどがこれにあたる。

(ハ) 「会社からの発起人若しくは発起人であった者又は検査役若しくは検査役であった者に対する訴えで発起人又は検査役としての資格に基づくもの」。検査役の任務懈怠による損害賠償請求の訴えなどがこれに属する。

(ニ) 「会社その他の社団の債権者からの社員又は社員であった者に対する訴えで社員としての資格に基づくもの」。持分会社の無限責任社員・有限責任社員の責任を追及する訴え（会社580条）などがその例としてあげられる。

### 8 不法行為地管轄

不法行為地管轄の趣旨・対象

不法行為に関する訴えについては，証拠収集の便宜，両当事者の予測可能性といった見地から，不法行為地に国際裁判管

轄が認められる（民訴3条の3第8号）。被告住所地に加えて不法行為地にも管轄を認めることで，被害者の管轄選択の幅を広げ，救済を容易化するという機能を重視する見方もある。

「不法行為に関する訴え」には，製造物責任や差止請求に関する訴え（知財高判平22・9・15判タ1340号265頁）が含まれる。

### *Column* ⑫　米国の管轄法理と「通商の流れ」理論

米国においては，連邦裁判所と各州の裁判所が別個のシステムを構成するため，それぞれがどの事件を管轄するかが問題となる。これが事項管轄権（subject matter jurisdiction）であり，連邦問題事件（federal question：連邦法や条約に関わる事件），州籍相違事件（diversity of citizenship：州籍や国籍が異なる当事者間での事件），および合衆国を当事者とする事件が連邦管轄に属するほかは，州裁判所が一般管轄をもつ。

さらに裁判所は，事件を審理するについて，領域的管轄権（territorial jurisdiction）をもたなければならない。これは，訴訟対象物の所在に基づくもの（対物管轄権：jurisdiction in rem）と，被告との関係に基づくもの（対人管轄権：jurisdiction in personam）に区分され，各州が定めることができるが，その範囲は，合衆国憲法のデュー・プロセス（due process：適正手続）条項による制限に服する。1945年のインターナショナル・シュー事件連邦最高裁判決は，被告が州外にある場合の対人管轄権行使につき，①被告と法廷地州の間に「最小限度の関連」（minimum contacts）があり，かつ，②管轄権行使が「フェアプレイと実質的正義に関する伝統的概念」に反しないことが必要とした。そのため各州は，州外被告に対し，「最小限度の関連」ルールの枠内で最大限に管轄権を拡大することを目的に，「ロング・アーム法」（long-arm statute）を制定するようになった。

「最小限度の関連」があるかどうか（①）は，専ら法廷地州と被告との関連性によって判断され，被告が法廷地州で活動する特権を

「意図的に利用」（purposeful availment）しておれば，これを認めてよいとされる。製造物責任事件では，被告が製品を法廷地州に至る「通商の流れ」（stream of commerce）にのせれば「意図的利用」があったと見る考え方が有力であるが（「通商の流れ」理論），1987年のアサヒ・メタル事件連邦最高裁判決は，その採否を明らかにしていない。他方，第2段階（②）のテストでは，被告の応訴負担や救済を求める原告の利益，法廷地州や司法制度全体の利益などが総合的に衡量される。

不法行為事件では，本来は被告となるべき債務者が，日本が加害行為地にあたるとして，そこで債務不存在確認を求めることが少なくない。裁判例の多くは，このような場合にも不法行為地管轄を認めてよいという（東京地判平成10・11・27判タ1037号235頁，東京地中間判平19・3・20判時1974号156頁）。しかし，わが国を不法行為地としながら不法行為債務の不存在を主張すること，被害者保護に主眼をおく不法行為地管轄が加害者を利する結果になることの問題性から，このような不法行為地管轄の利用に否定的な意見もある。

**不法行為地の決定**　国際的な製造物責任や環境汚染事故のように，加害行為地と結果（損害）発生地が異なる場合には，不法行為地をどう捉えるかが問題となる。従前の通説・判例は，このような「隔地的」不法行為の場合，加害行為地，結果発生地の双方が不法行為地となり，そのいずれかが日本国内にあればわが国の国際裁判管轄を認めてよいという（東京地中間判平18・4・4判時1940号130頁，上掲知財高判平22・9・15，差止請求の間接管轄につき最判平26・4・24民集68巻4号329頁〔→第9章**3①**〕）。この考え方は，被害者の管轄選択の幅を広

げるという利点をもち，ドイツ法やブリュッセルⅠ規則でも同様の解釈がとられている。民訴法3条の3第8号も，この考え方を前提として，結果発生地管轄に一定の制限を加えている。

　不法行為の結果は無限に拡大しうるため，ここでいう結果は，不法行為の一次的ないし直接的な結果のみをさし，遺族の扶養請求権喪失のような派生的・間接的な結果を含まないと解されてきた（東京地判昭59・2・15下民集35巻1〜4号69頁ほか）。

　他方において民訴法3条の3第8号は，結果発生地に管轄を認めることが当事者の予見可能性を害しうることを考慮し，「外国で行われた加害行為の結果が日本国内で発生した場合において，日本国内におけるその結果の発生が通常予見することのできないものであったとき」は，不法行為地管轄を認めないとした。この例外条項の適用にあたっては，加害者の主観的な予見可能性ではなく，客観的見地から，「通常予見することのできない」ものだったかどうかが問われることに注意が必要である。

　なお，不法行為を構成する事実は，管轄原因事実であるとともに本案の請求原因事実ともなるので，その証明のあり方に関しては議論がある（→**3**）。

*Column* ⑬　広域的（拡散的）不法行為と結果発生地管轄⸺⸺⸺

　現在のような高度情報化社会においては，出版物やインターネットを通して，名誉毀損やプライバシー侵害となりうる情報がほとんど瞬時に多数の国に伝わるようになった。その場合，全ての結果発生地に国際裁判管轄が認められ，各裁判所が当該不法行為から生じた損害全体について審理しうるとすれば，原告による際限のないフォーラム・ショッピングを許す結果になりかねない。そのため欧州司法裁判所は，1995年のShevill事件判決において，損害発生地国裁判所の管轄範囲はその国で発生した損害の審理に限られるとした

（モザイク理論）。2011 年の eDate 事件判決もこの考え方を維持するが，被害者の提訴の便宜に配慮して，「被害者の利益の中心」（通常はその常居所）が所在する構成国裁判所は，全損害について判断する管轄権を有するという。

## ⑨　不動産所在地管轄

不動産所在地管轄の趣旨

不動産に関する権利関係は所在地の登記制度と密接な関係をもち，所在地は証拠収集に便宜であるうえ，そこには利害関係人が存在することが多い。そのため，不動産に関する訴えにつき所在地に管轄を認めることに疑問はなく，民訴法 3 条の 3 第 11 号も「不動産が日本国内にあるとき」にわが国の国際裁判管轄を認めた。

不動産所在地管轄の性質

不動産所在地管轄は普遍的に認められるうえ，不動産物権に関する裁判は所在地国の領土主権にも関わることから，これを慣習国際法上の原則と見る考え方もある。確かに，不動産の物権関係について所在地国外で下された判決は所在地国で承認されないことがありえようが，裁判を行うことが直ちに所在地国主権の侵害となるわけではない。また，専属管轄性の有無やそれを認める範囲といった点について，必ずしも考え方の一致があるわけではないから，慣習国際法の成立を認めるのは困難であろう。

　ブリュッセルⅠ規則 24 条 1 号は，不動産物権および長期不動産賃貸借に関する事件につき所在地国に専属管轄を認めており，同様の考え方を示す学説・立法例は少なくない。しかしながら，当事者がいずれも日本に居住する場合，外国所在不動産の権利関

係について日本の裁判所で判断を求めることにも一定の必要性が認められようし，不動産の引渡請求につき物権・債権のどちらを根拠とするかで管轄規則の性質に大きな違いを生じさせるのも不適当な面がある。これらの考慮から，現行法は専属管轄性を認めていない。

### 10 相続事件の管轄

被相続人が死亡時に住所を有していた地には，相続財産や利害関係人，関係書類が所在するのが通常であるから，相続，遺留分や遺贈などに関する訴えを審理するのに便宜であり，関係人の応訴の便宜や紛争の統一的処理にも適う。そのため民訴法3条の3第12号は，これらの訴えにつき，相続開始時の被相続人の住所，住所がないか知れない場合には居所，居所がないか知れない場合には相続開始前の住所（日本に最後に住所を有した後に外国に住所を有していたときを除く）が日本国内にある場合にわが国の国際裁判管轄を認めた。この管轄原因の規律は被告住所地管轄（→ 1 ）と平仄を合わせたものである。

被相続人が生前に負担した債務の履行請求やその存否確認，葬式・遺産管理費用などに関する訴えについても，同じ規律が妥当する（民訴3条の3第13号）。

### 11 消費者・労働者保護の特則

**特則の趣旨**　消費者契約・労働契約に基因する紛争については，当事者の力関係に大きな差があるため，特別な考慮が必要となる。そのため法は，消費者・労働者から事業者に対する訴えについて，被告住所地や事件類型ご

との管轄原因に加え、弱者側の訴訟追行に不便のない地での提訴を許すと同時に、事業者からの訴えについては被告住所地での提訴を要求することにより、弱者の手続的保護を図ることとした。これらの紛争類型についても管轄合意（民訴3条の7）や応訴管轄（同3条の8）は認められるが、前者については、同じく弱者保護の観点から厳しい制限が課される（→⑭）。

**消費者・労働者からの訴え**　消費者契約に関する消費者から事業者に対する訴えは、被告住所地（民訴3条の2）、契約債務の履行地など（同3条の3）のほか、「訴えの提起の時又は消費者契約の締結の時における」消費者の住所が日本にあれば日本の裁判所に提起できる（同3条の4第1項）。訴え提起時の住所、契約締結時の住所をいずれも管轄原因としたのは、管轄選択の幅を広げることにより消費者を保護する趣旨にほかならない。

　同様に、個別労働関係民事紛争に関する労働者から事業主に対する訴えは、「労働契約における労務の提供の地」が日本にあれば日本の裁判所に提起できる。労働契約における労務提供地が定まっていない場合には、「労働者を雇い入れた事業所の所在地」が管轄決定基準となる（民訴3条の4第2項）。

**事業者からの訴え**　消費者契約に関する事業者から消費者に対する訴え、個別労働関係民事紛争に関する事業主から労働者に対する訴えにつき、民訴法3条の3は適用されない（民訴3条の4第3項）。そのため事業者は、管轄合意や応訴管轄が認められる場合を除き、被告住所地での提訴を強いられることになる。

## ⑫　法定専属管轄

法定専属管轄の意義

民訴法3条の5は，日本の公益と強く関わるために，日本法の確実な適用や統一的処理が要請される一定類型の訴えについて，日本裁判所の専属的国際裁判管轄を規定した。例えば日本で登録された特許権の移転請求のように，日本裁判所に専属管轄が認められる場合，外国裁判所の国際裁判管轄は否定され，そこで下された判決は日本で承認されない（名古屋高判平25・5・17 LEX/DB 25543208）。逆に，本条が規定する管轄原因が外国にある場合，日本の国際裁判管轄は認められない。また，専属管轄の趣旨を徹底するため，合意管轄・応訴管轄は許されず，他の法定管轄規定の適用は排除されるほか，「特別の事情」による訴え却下が許されないことにも注意が必要である（民訴3条の10）。

日本法人の組織・責任追及等

日本法に準拠して設立された社団・財団の組織に関する訴え（会社の設立無効確認の訴え，株主総会決議無効確認の訴えなど），責任追及の訴え（取締役の責任追及の訴えなど），役員の解任の訴え等については，法律関係を画一的に処理し，法人・株主の手続参加を容易化する見地から，日本の裁判所に専属管轄が認められる（民訴3条の5第1項）。

登記・登録

不動産・特許権などの登記や登録に関する訴えについては，証拠調べや判決に基づく手続の便宜を考慮し，登記・登録をすべき地が日本にある場合にわが国の専属的国際裁判管轄が認められる（民訴3条の5第2項）。

特許権，商標権のように，設定の登録によって発生する知的財産権は，それぞれの国の行政処分によって付与されることが多く，それを対世的に無効にするには，登録国で必要な手続をとらなければいけない。そのため，このような知的財産権の「存否又は効力に関する訴え」については，登録が日本で行われた場合，日本に専属的国際裁判管轄が認められる（民訴3条の5第3項）。

特許侵害訴訟はここでいう特許権の「存否又は効力に関する訴え」に入らない。したがって，外国特許権の侵害を理由とする損害賠償請求訴訟であっても，日本に不法行為地や被告住所地があればわが国の国際裁判管轄が認められる。そこで外国特許が無効であるとの抗弁が出された場合，日本の裁判所は，損害賠償請求の先決問題としてこれを判断してよいが，この判断は対世的効力をもつものではない。

## ⒀　併合請求の管轄

原告が被告に対して複数の請求をする場合，1つの請求につき応訴義務を負う被告にとっては，他の請求につき同じ裁判所に管轄が認められても不利益は少ないし，訴訟経済の観点からも合理的ということができる。そのため民訴法は，一個の訴えで数個の請求をする場合（請求の客観的併合），一個の請求について管轄権を有する裁判所にその訴えを提起できるという（民訴7条）。もっとも国際事件では，本来の管轄国で裁判を受けるについての当事者の利益は国内事件よりはるかに大きいし，請求間に関連性がないと裁判の複

雑化や長期化を招くおそれも高い。ウルトラマン事件最高裁判決も、「併合請求の裁判籍の規定……に依拠して我が国の国際裁判管轄を肯定するためには、両請求間に密接な関係が認められることを要する」という（最判平13・6・8民集55巻4号727頁）。そのため民訴法3条の6は、併合される複数請求の1つについて日本の国際裁判管轄が認められる場合、「当該一の請求と他の請求との間に密接な関連があるときに限り」、日本の裁判所に訴えを提起できるとした。ここでいう密接関連性の有無は、実質的な争点の共通性などの事情から、わが国における同一手続で審理するのが適当かどうかという観点から判断される。

## 反　　訴

被告は、「本訴の目的である請求」または「防御の方法」と関連する請求につき、本訴係属裁判所に反訴を提起できる（民訴146条1項）。前者は売買代金請求に対して目的物引渡しを反訴で請求するような場合、後者は代金請求に対して別債権での相殺を主張し、残額の支払いを反訴で請求するような場合をいう。これは客観的併合の一類型であり、客観的併合と同様の考慮が妥当することから、国際事件でも、本訴請求や防御方法との密接関連性を要件として反訴を許すのが適当と考えられる。そのため民訴法146条3項は、被告は「本訴の目的である請求又は防御の方法と密接に関連する請求を目的とする場合」に反訴を提起できるとした。

## 請求の主観的併合

複数の原告ないし被告が事件に関与する場合、統一的判断の必要性や訴訟経済の観点から、一個の請求について管轄権をもつ裁判所で他の請求を併合審理する必要性が認められる。他方、ほんらいは管轄権のない裁判所での応訴を強いられる被告の不利益も考慮しなければな

らないから，民訴法7条但書・38条前段は，「訴訟の目的である権利又は義務が数人について共通である」こと，または「同一の事実上及び法律上の原因に基づく」ことを要件として，主観的併合の裁判籍を認めている。

　国際事件では被告の応訴負担が国内事件より格段に大きくなるため，旧法下では，主観的併合を認めることに消極的な見解も有力に主張されたが，「特段の事情」審査により一定の制限をかけることを前提に，これを肯定する学説・裁判例が多かった（東京高判平8・12・25高民集49巻3号109頁，東京地判平9・2・5判タ936号242頁など）。そこで民訴法3条の6は，客観的併合の場合と同様に，併合される請求間の密接関連性を要求するほか，国内事件と同じ要件の下に主観的併合を認めることとした。

| 適用除外 | 併合されるべき請求，反訴の目的である請求につき，専属管轄規定により日本裁 |

判所の管轄権が認められない場合，併合・反訴はできない（民訴3条の10・146条3項但書）。これらの請求につき外国裁判所の専属管轄が合意されている場合の扱いは解釈問題となる。旧法の解釈上，日本で裁判を行うことが当事者間の衡平，裁判の適正・迅速に適う特段の事情があるとして併合管轄を認めた裁判例があるが（東京地判平22・11・30判時2104号62頁），管轄合意を行った当事者の意思尊重という見地からは問題が残る。

## ⑭　合意管轄・応訴管轄

| 国際裁判管轄合意の意義 | 紛争がどの国の裁判所で解決されるかを合意で取り決めておくことは，紛争解決に要する様々なコストの計算や対応準備 |

を可能にする点で，実務的に大きな意味をもつ。法廷地の決定は適用される国際私法の決定を意味するため，国際裁判管轄の合意は，紛争解決に適用される実体法規範の予測可能性という点でも重要である。もっとも，消費者や労働者が事業者との間で締結する契約については，弱者が不利な管轄合意を強いられないように考慮しなければならない。

　管轄合意と同様の機能を果たすものとして，仲裁の合意がある。これについては，外国仲裁判断の承認・執行に関する1958年のニューヨーク条約，国際商事仲裁に関する1985年のUNCITRALモデル法を通して世界的な法の標準化が進み，国際取引における紛争解決の安定・円滑化に寄与している（→第12章 *1* ②）。これに対して，国際裁判管轄合意に関する各国国内法は未だ不統一な状況にあるため，それを克服するべく，2005年，ハーグ国際私法会議において「管轄合意に関する条約」（ハーグ管轄合意条約）が成立した。本条約は2015年に発効したが，わが国は未加入である。

### *Column* ⑭　ハーグ管轄合意条約

　本条約の6条によると，外国裁判所の専属管轄が合意されている場合，訴えの提起を受けた締約国裁判所は，以下の場合を除き，手続を停止ないし却下しなければならない。すなわち，①選択された裁判所の所属国法により合意が無効である場合，②受訴裁判所所属国法により当事者が能力を欠く場合，③公序に反する場合，④例外的理由により合意が合理的には履行できない場合，⑤選択された裁判所が管轄権を行使しない場合，である。また，合意で指定された裁判所が下した判決は，以下の場合を除き，他の締約国で承認・執行されなければならない。すなわち，①選択された裁判所の所属国法により合意が無効である場合（当該裁判所が合意を有効と決定した場

合を除く），②承認・執行国法により当事者が能力を欠く場合，③被告への手続開始の通知に瑕疵がある場合，④判決が詐取された場合，⑤公序に反する場合，⑥承認・執行国において既判力の抵触を生じる場合，である（9条）。

---

チサダネ号事件判決と
公序要件

国際裁判管轄合意に関する旧法下でのリーディング・ケースは，チサダネ号事件判決（最判昭50・11・28民集29巻10号1554頁）である。本判決は，条理解釈として，外国裁判所の専属管轄を定めた合意は，①日本の専属管轄に属する事件でなく，②合意された裁判所が自国法上管轄を有する場合には原則として有効だが，③「合意がはなはだしく不合理で公序法に違反するとき」は無効であるという。その後の下級審裁判例は，外国での資産運用を目的とする金融商品の販売契約（東京高判平24・6・28 LEX/DB 25504140，大阪高判平26・2・20判時2225号77頁，東京高判平26・11・17判時2243号28頁），日本で勤務する外国人パイロットと外国航空会社との雇用契約（東京地判平24・11・14労判1066号5頁）が外国裁判所の専属管轄条項をおく場合などに，公序違反を認めて管轄合意を無効としてきた。この要件は現行法下でも妥当するが，民訴法3条の7は5項・6項に消費者・労働者保護の特則をおいたため，それが機能する場面は限られよう。学説の多くは，外国裁判所の専属管轄合意が，独占禁止法のように社会経済秩序の維持を目的として定立され，契約準拠法のいかんを問わずに適用されるような法規（絶対的強行法規）を潜脱する効果をもたらす場合，公序に違反するというが，裁判例はその認定に慎重である（東京高判平29・10・25 LEX/DB 25564231，東京高判令2・7・22判時2491号10頁）。

管轄合意の成立・解釈　当事者は，合意により，いずれの国の裁判所に訴えを提起できるかを定めること
ができる（民訴3条の7第1項）。専属管轄の合意か付加的管轄の
合意かは，5項・6項の場合を別として，当事者の意思解釈の問
題となる。合意に詐欺・錯誤などの意思表示の瑕疵があった場合
の扱いについては，法廷地法説（具体的には日本民法による）と契
約準拠法説が対立する。主契約の無効・取消しは，管轄合意の無
効・取消しを当然にもたらすものではない（separability：管轄合
意の分離独立性→第12章2②）。

管轄合意の有効要件　（1）　国際裁判管轄の合意は，「一定の法
律関係に基づく訴え」に関する「書面」
による合意でなければ，効力を生じない（民訴3条の7第2項）。
不特定の法律関係に関する管轄合意は，当事者の一方に予測を超
えた不利益を与える可能性があるため，認められない。また，書
面性が要求されるのは，管轄合意が当事者の裁判を受ける権利に
重大な影響を及ぼすことから，その締結に慎重を要求し，意思の
明確化や証拠の確実性を図るという趣旨に基づく。電磁的記録に
よる合意も書面によったものとみなされる（3項）。申込み・承諾
の両方が当事者の署名した書面による必要はなく，「少なくとも
当事者の一方が作成した書面に特定国の裁判所が明示的に指定さ
れていて，当事者間における合意の存在と内容が明白であれば」
足りる（上記チサダネ号事件判決）。

（2）　管轄合意は，専属管轄規定に反するものであってはなら
ない（民訴3条の10）。専属管轄の趣旨は，公益的要請から，特
定国以外での審理を許さないことにあり，合意でこれを破ること
は認められないからである。

（3）　外国裁判所の専属管轄の合意は，「その裁判所が法律上又は事実上裁判権を行うことができないときは」援用できない（民訴 3 条の 7 第 4 項）。専属管轄が合意された国の裁判所が当該国法上管轄権をもたない場合や，内乱等によって事実上裁判を行えない場合には，裁判を受ける権利の保障という観点から，内国での裁判を許す必要があるからである。

（4）　専属管轄合意に基づいて内国裁判所で訴えが提起された場合，特別の事情による訴えの却下は認められない（民訴 3 条の 9 括弧書）。これは，専属管轄合意の信頼性・安定性を最大限に保障するという趣旨に基づく。

消費者・労働者保護の特則

消費者契約・個別労働関係民事紛争を対象とする管轄合意については，当事者の経済力や訴訟追行能力に大きな格差があることを考慮して，3 条の 7 第 5 項・第 6 項が特則をおく。その対象となるのは「将来において生ずる」消費者契約紛争，個別労働関係民事紛争である。逆にいうと，紛争発生後の管轄合意は制限されない。すでに生じた紛争であれば，消費者・労働者としても，十分にその影響を考えた上で国際裁判管轄を合意することが期待できるからである。

将来の消費者契約紛争・個別労働関係民事紛争に関する管轄合意は，次の場合に限って効力を認められる。

（1）　消費者契約締結時に消費者が住所を有していた国の裁判所に訴えを提起できる旨の合意であるとき。個別労働関係民事紛争の場合は，労働契約終了時にされた合意であって，その時点での労務提供地国の裁判所に訴えを提起できる旨を定めたものであるとき。いずれについても，合意が文言上は専属管轄の定めにな

っていても，弱者側の管轄選択の幅を不当に狭めないよう，弱者側が合意を利用する場合（→(2)）を除き，原則として付加的な管轄合意とみなされる（民訴3条の7第5項1号・6項1号）。

上に述べたように（→ⅡⅡ），事業者の住所地や財産所在地などに加えて，消費者は訴え提起時または契約締結時の住所で訴えを提起できるし，労働者は労働契約上の労務提供地で訴えを提起できる（民訴3条の4第1項・2項）。つまり，弱者側にはすでに十分な管轄選択の余地が与えられており，それに加えて，契約締結時の消費者住所や契約終了時の労務給付地に管轄を合意する実益は乏しい。それにもかかわらずこのような付加的管轄合意を認めるのは，弱者を強く保護することとのバランス上，事業者側にも，紛争解決地について，一定の予見可能性確保の手段を与える必要があるからである。「労働契約の終了の時にされた」管轄合意（同3条の7第6項第1号）の例としては，日本企業が，専門職外国人労働者との労働契約終了にあたって，この者が外国に移住することを念頭におきつつ，競業禁止などの合意をするとともに，その時点での労務提供地である日本の国際裁判管轄を合意するような場合が考えられる。

(2)　消費者・労働者が当該合意に基づいて訴えを提起したとき，または事業者からの訴えに対して消費者・労働者が当該合意を援用したとき（民訴3条の7第5項2号・6項2号）。このような場合の弱者は，管轄合意の有効性を前提として，それを積極的に利用しているわけであるから，合意の効力を認めても問題はないと考えられる。この扱いは，消費者が合意に基づいて外国で提訴しながら，日本で管轄合意の無効を主張する場合や，外国での事業者からの提訴に対して管轄合意に基づく妨訴抗弁を提出しなが

ら，日本で管轄合意の無効を主張するような場合にも妥当する。

*Column* ⑮　仲裁合意・準拠法選択合意と弱者保護・・・・・・・・・・・・・・・・・・・

　　消費者・労働者の保護は，仲裁合意や準拠法選択合意との関係で
も重要な問題となる。仲裁法附則 3 条・4 条は，将来の紛争に関す
る消費者・事業者間での仲裁合意につき消費者に解除権を与え，将
来の個別労働関係紛争に関する仲裁合意を無効とした（→*Column*
㉜）。

　　国際私法の平面では，消費者・労働者と事業者の間でも契約準拠
法の合意は基本的に可能とされる。しかし，消費者の常居所地法，
労働契約の場合の労務給付地法と異なる法が合意された場合，弱者
側は，消費者の常居所地法や労務給付地法上の特定の強行法規を適
用すべき旨を事業者に意思表示することにより，その強行法規によ
る保護を受けることができる（法適用 11 条・12 条）。

　　国際私法上，消費者は，自ら事業者の国に赴いて契約を結んだ場
合，常居所地法による特別な保護を受けられない（能動的消費者：法
適用 11 条 6 項 1 号）。しかし，国際裁判管轄の決定に際しては，能動
的消費者にも裁判を受ける機会が奪われないよう配慮する必要があ
るため，このような規律は設けられていない。

・・・・・・・・・・・・・・・・・・・・・・・・・・・・・・・・・・・・・・・・・・・・・・・・・・・・・・・・・・・・・・・・・・・・・・・・・・・・・・・・・・・

> **応訴管轄**

日本の裁判所が管轄権をもたない場合で
も，被告が無管轄の抗弁を提出しないま
ま本案について弁論をし，または弁論準備手続で申述をしたとき
は，応訴による国際裁判管轄が認められる。原告が日本で提訴し，
被告がそれに応じたということは，黙示の管轄合意に相当すると
いうこともできようし（合意説），訴訟の無駄や遅延の防止とい
う観点からは，その後の抗弁提出を禁じる必要も認められるから
である（失権説）。そのため，財産関係事件に関する限り，応訴
による国際裁判管轄の発生を認めることについて，比較法的にも

異論は見られない。民訴法3条の8も以下の要件の下に応訴管轄を認めている。

①　「日本の裁判所が管轄権を有しない旨の抗弁を提出しないで」した応訴であること。無管轄を主張した上で予備的に応訴したのであれば，管轄権を黙示的に合意したとはいえないし，無管轄の抗弁権を失わせる理由もないからである。裁判権免除の主張や仲裁の抗弁も，判決国が全体として裁判を行う権能をもたない旨の主張になるから，無管轄の抗弁と同様に扱うべきであろう。

②　「本案について弁論をし，又は弁論準備手続において申述をした」こと。したがって，単なる手続問題についての主張では足りない。

③　専属管轄規定に反しないこと（民訴3条の10）。当事者間に外国裁判所の専属管轄の合意がある場合でも，内国で応訴管轄の成立を認めてよい（大阪地中間判昭61・3・26判時1200号97頁）。被告の応訴後に訴えが却下されれば，訴訟遅延を招くほか，債権の時効消滅等によって原告に不測の損害を生じるおそれもあるからである。

# *3*　国際裁判管轄の審理

基　準　時　　国際裁判管轄は，国内事件（民訴15条）と同じく，訴え提起の時点を基準として決定される（同3条の12）。いったん訴訟係属を生じると，受訴裁判所の管轄は原因事実の変更によって影響を受けない（*perpetuatio fori*：管轄恒定の原則）。これは，例えば被告の住所地に管轄

が認められた後，住所変更に伴い管轄が失われるとすれば，被告が転居を繰り返すことによって実体判決が下せない事態になりかねない，という考慮に基づく。

民訴法299条1項によれば，専属管轄を除き，当事者は控訴審で第1審裁判所の無管轄を主張できないが，国際裁判管轄にはこの規定の適用はなく，控訴審でも管轄違背を主張することができる（東京高判平8・12・25高民集49巻3号109頁）。

管轄原因事実の証明　国際裁判管轄の存否は職権調査事項に属し，裁判所は職権で証拠調べをすることができる（民訴3条の11）。管轄を基礎づける事実の収集については，任意管轄は当事者の私的利益に関わる部分が大きく，合意管轄・応訴管轄のように当事者による処分も許される以上，弁論主義が妥当するという考え方もあるが，通説は，これが裁判権の行使という公益的事柄に関わることから，職権探知によるという。

不法行為地のように，管轄原因事実が本案の請求原因事実と重なる場合の扱いについては議論がある。学説の一部は，本案審理との重複を避ける必要性から，原告の主張が法的に首尾一貫していて理由があれば，原告主張事実が存在するものと仮定して管轄の存否を判断してよいという（管轄原因仮定説）。しかし，この立場によると，原告の主張だけで被告が遠隔地での応訴を強いられかねない。そのため，学説や下級審裁判例の多くは，管轄原因の存在につき「一応の証明」を要求し，日本国内で不法行為があったことについて，「実体審理を必要ならしめる程度の」心証形成が求められるとしていた（一応の証明説）。

もっとも，この見解においては，どのような事実をどの程度証明すべきかが十分に明らかでない。そのため最近の有力説は，違

法性や故意・過失，相当因果関係について証明を不要とする反面，原告の被侵害利益の存在，被侵害利益に対する被告の行為，損害の発生，被告の行為と損害発生との間の事実的因果関係は証明が必要であるという（客観的事実証明説）。平成13年のウルトラマン事件最高裁判決も，「不法行為地の裁判籍の規定……に依拠して我が国の裁判所の国際裁判管轄を肯定するためには，原則として，被告が我が国においてした行為により原告の法益について損害が生じたとの客観的事実関係が証明されれば足りる」として，この立場をとった（最判平13・6・8民集55巻4号727頁）。最判平成26年4月24日（民集68巻4号329頁）は同じ考え方を間接管轄の判断にも及ぼすほか（→第9章3①），下級審裁判例は，義務履行地の国際裁判管轄に関しても，当事者間で契約が締結されたという客観的事実関係の証明を要求する傾向にある（東京地判平16・10・25判タ1185号310頁，東京地判平21・11・17判タ1321号267頁）。

**管轄欠缺の効果**　国際裁判管轄の存在は訴訟要件の1つであり，これを欠く訴えは不適法却下される。ルール上は認められる国際裁判管轄を「特別の事情」によって否定する場合には，代替的法廷地での扱いを予測し難く，訴えの却下によって原告に債権の時効消滅などの不利益が及ぶ可能性もありうるため，民訴法130条・131条を類推して訴訟手続の中止を認めるべきである，との意見が根強い。しかし裁判例はこれを認めておらず（東京地中間判平元・5・30判時1348号91頁），平成23年の法改正でも中止規定の導入は見送られた。

*Column ⑯*　**相殺の抗弁と国際裁判管轄**--------

日本訴訟で金銭支払いを請求された被告が反対債権による相殺を

主張する場合，反対債権についても日本の国際裁判管轄は必要か。相殺の抗弁に関する本案判決は反対債権についても既判力を生じること，原告は反対債権につき他国で裁判を受ける管轄利益を有することから，国際裁判管轄が必要とする見方もある。反対債権について外国裁判所の専属管轄合意や仲裁合意がある場合には，当事者の意思尊重という観点もこの議論を補強する。しかし日本の裁判例は，国際裁判管轄は訴訟物である訴求債権についてのみ問題となり，訴訟物につき国際裁判管轄を有する裁判所は，その当否判断に必要な事実上・法律上の全ての点を判断しうること，相殺は攻撃防御方法にすぎないこと，訴訟外での相殺も認められることなどを根拠に，国際裁判管轄は必要でないという（東京地判平25・4・26 LEX/DB 25512252，東京地判平26・3・24 LEX/DB 25518341）。

# 第**4**章 訴訟物・国際的二重起訴

【*Case*】 Ｘは，日本法人Ｙ社が，ドローンや高機能マイクなどを使用して米国カリフォルニアにあるＸの別荘の内部の様子を撮影・録音した動画等や，ネット等を駆使して集めたＸの私生活に関わる情報をSNS上に公開したとして，Ｙ社を被告として，カリフォルニア州の裁判所に，損害賠償，SNS上の情報の削除および謝罪文の掲載を求める訴えを提起していた。

　これに対し，Ｙ社は，Ｘを被告として，東京地方裁判所に，著名人であるＸに関する情報は公共の関心事であり，Ｙの行為は表現の自由に基づく正当な報道であるとして，損害賠償を支払う義務やSNS上の記事を削除する義務はないと主張して，債務不存在確認の訴えを提起した。

## *1* 訴 訟 物

　訴訟とは，裁判所が特定の対象につき判決することで紛争を解決する制度である。裁判所が審理・判決する対象を訴訟物という。訴訟物が機能する場面は多い。例えば，外国判決が承認された場合に，訴訟物を確定しないままで，外国判決の拘束力を問題にすることは不可能である。また，契約上の債務に関する訴え等の国際裁判管轄（民訴3条の3）は，訴訟物との関係で管轄原因が定められており，ここでも訴訟物の確定が必要となる。そもそも，審判の対象が特定されていない限り，審理を開始し，判決することはできない。

訴訟物に関しては，実体権ごとに訴訟物を捉える旧訴訟物理論（実体法説）と，実体権による訴訟物の分断から生ずる不都合を避けるため包括的な地位をもって訴訟物とする新訴訟物理論が対立している。この理論的対立に関しては純粋国内訴訟と渉外訴訟の間で違いはないが，渉外訴訟に関しては，実体準拠法の問題が交錯し，議論を難しくしている。

### 実体法説

　実務では実体法説が採られ，権利根拠規定に基づいて発生する権利ごとに訴訟物を観念する。準拠法が違えば，権利の発生を根拠づける規定も異なり，別個の権利と観念することになるため，渉外訴訟においては準拠法ごとに訴訟物が異なる結果につながる。したがって，原告により準拠法と主張された実体法規範に基づく権利が訴訟物となりそうである。

　【*Case*】において，Yの削除義務の不存在確認請求については，その根拠が不法行為であるのか，人格権に基づくのかによって，訴訟物が異なる。さらには，不法行為や人格権の準拠法ごとに実体権が異なるとしたならば，準拠法ごとに訴訟物を観念することになる。また，Xの損害賠償請求については，不法行為に基づく損害賠償債務が訴訟物となる。もし，Xが東京地方裁判所において準拠法を日本法と主張して不法行為に基づく損害賠償請求訴訟を提起したとして，裁判所が準拠法をカリフォルニア州法と考えた場合に，準拠法ごとに訴訟物が異なるとするならば，裁判所がカリフォルニア州法に基づいてXの請求を認容することは，処分権主義に反して許されないことになる。また，Xが準拠法を日本法として提訴していたところ，裁判所は準拠法を日本法としながら，不法行為の成立を否定し，請求を棄却した判決が確定

した後にも，Ｘは，再度，わが国の裁判所にカリフォルニア州法に基づいて不法行為に基づく損害賠償請求の訴えを提起することが許されることになる。

実体法説は，この不当な結論を回避する必要に迫られる。すなわち，準拠法の相違によって実体権の同一性は失われないとしなければならない。当事者が実体準拠法に関する主張をするとしても，裁判所は，国際私法規則にしたがって導かれた特定の準拠法のみを適用し，実体権の存否を判断すべきである。したがって，裁判所は，職権で原告の主張と異なった準拠法を適用し，判決することができるのであり，処分権主義の違反はない。準拠法の相違は，実体権としての同一性に影響せず，確定判決とは別の準拠法に基づく再度の訴えは禁じられることにもなる。

**新訴訟物理論** 訴訟物を実体権から開放し，原告が訴訟で追求する実体的利益に着目するならば，準拠法が相違しても訴訟物は異ならないとする結論が導かれる。裁判所は，原告の主張と異なった準拠法を適用して実体判断をすることができ，準拠法ごとの再訴は既判力で遮断され，妥当な結論を導けそうである。しかし，実務との乖離は大きく，国内訴訟とは異なった渉外訴訟独自の訴訟物概念を採用するようなことはできない。

また，新訴訟物理論においても，確認訴訟においては，実体権ごとに訴訟物を捉えるならば，実体法説と結論は同じになる。新訴訟物理論においても実体法説と同様の問題を生じる。

**訴訟物の機能場面** 準拠法が訴訟物の単複異同を決する基準にならないことは一般に認められている。実体法説を採るか，新訴訟物理論に従うかは，決定的ではない。

要は訴訟物が機能する場面ごとに妥当な結論を模索することが肝要となる。

例えば，原告が求める（法的）利益の記載があれば，訴状において準拠法が特定されていなくとも，訴訟物の特定に十分である。

また，準拠法が定める要件事実に導かれ，審理は進められる。準拠法が異なることにより，審理の仕方に相違を生ずる可能性があるとしても，準拠法ごとに弁論を分離することは許されない。適切に訴訟を進行し，弁論を整理すれば十分である。弁論の分離を認め，それぞれに審理したならば，内容的に矛盾した判決がされるおそれがある。また，法的利益ごと判決すればよく，複数の準拠法の適用が主張されていた場合であっても，訴えの併合を認め，それぞれに判決する必要はない。【*Case*】において，仮にY社が日本法あるいはカリフォルニア州法に基づいて請求に理由があると主張していた場合であっても，裁判所は，国際私法規則にしたがい，たとえばカリフォルニア州法だけを適用して判決すれば足りる。

そして，審理は準拠法が規定する要件事実に指導されることから，原告による準拠法に関する主張の変更は，請求原因の変更となり，被告の防御方法に影響する可能性もあり，紛争利益に相違はないとしても，書面によるべきである（民訴143条2項）。もっとも変更書面の送達は必要ない。

さらに，準拠法に関する主張ごとに弁論を分離することは許されない。判決内容が矛盾するおそれを生ずるからである。準拠法ごとの主張整理は必要であろうが，適切な手続進行・整理によるべきである。

契約上の債務に関する訴え等の国際裁判管轄に関しては，管轄

を根拠づけるにあたり，請求の客観的要件の立証が必要とされ，準拠法との関係を完全に断つことは難しい（→第3章**3**「**管轄原因事実の証明**」）。

二重起訴の禁止に関しても，国内裁判所相互での二重起訴が問題となった場合には，準拠法の異同を問題とする必要はなく，事件の同一性を基準に後訴を規制する。内国裁判所間での二重起訴については民訴法142条の解釈問題であるが，外国裁判所との関係においては，次項で述べるとおり，特殊な考慮が必要である。

# *2* 国際的二重起訴

同一の民事紛争に関して，外国裁判所と日本の裁判所で訴訟が併存することがある。これを国際的二重起訴（国際的重複訴訟または国際的訴訟競合）という。

国際的二重起訴は，外国（日本）訴訟の原告が日本（外国）訴訟の被告に対して同一の請求を掲げ外国裁判所と日本の裁判所の双方に提訴する場合（並行型訴訟）と，外国（日本）訴訟の被告が日本（外国）裁判所の原告に対して反対請求を掲げ提訴する場合（対向型訴訟）に生じる。【*Case*】のように，外国で給付訴訟を提起された被告が，日本での強制執行を阻止するために債務不存在確認訴訟を提起することにより，国際的二重起訴を生じる例が多い。

民訴法は，同一の事件が裁判所に並行して係属することを禁止する（142条）。すでに裁判所に係属する事件について後続して係属した訴えは不適法として却下される。ここにいう裁判所は，日本の裁判所であり，外国裁判所を含まない。すなわち，国際的二

重起訴に関する直接の規定は，わが国の民訴法には存在しないことになる。外国裁判所との二重起訴を生じた場合の処理について見解が分かれる原因である。

### *Column* ⑰　訴訟差止命令

重複起訴の問題を管轄権の領域で処理する英米においては，外国がより適切な法廷地と判断された場合，自国の手続を中止し，あるいは，訴えを却下する（→*Column*⑧）。外国で国際裁判管轄を争わないことや，消滅時効の抗弁を提出しないことなどの条件を付して，訴えを却下する事例もある。反対に，自国がより適切な法廷地と判断された場合，外国手続の差止命令（anti-suit injunction）が下されることがある。差止命令は外国裁判所に対する命令であるとして，主権侵害となる可能性が問題視され，議論を呼んだ。この命令は，当事者に対して，外国手続の追行を禁じているだけであり，外国主権を侵害するものではない，との擁護論もある。しかし，この命令は，裁判所侮辱（contempt of court）等の強力な制裁を背景として当事者に強制され，当事者の訴訟行為を通じて外国手続に影響を及ぼすことは避けられない。

欧州司法裁判所が，ブリュッセル規則（→*Column*⑦）は英国の訴訟差止命令を認めない趣旨である旨を判示し，EU と英国との間では決着した。

規制の必要性

民訴法が外国裁判所の手続との競合に関する規定をおいていないことから，かつては，外国裁判所での訴訟係属がすでにあるとしても，わが国の訴訟手続に影響しないとした裁判例もあった。しかし，当事者にとっては，日本と外国の裁判所での二重の訴訟追行の負担は重い。また，裁判所にとっても，外国裁判所での訴訟で紛争解決される事件について，重ねて審理・判決することは不経済でもある。さ

らに，日本と外国の裁判所によって，矛盾した判決がされること
は不都合である。こうした弊害は避けられるべきであり，国際的
二重起訴に関する規制が必要となる。

条 理 論

国際的二重起訴を放置すると，国内での
重複起訴と同様の弊害を招く。また，民
訴法118条が規定する要件を具備する外国判決は，その効力が承
認され，日本の判決と同様に扱われる。わが国判決と等置される
判決の生成過程である外国訴訟手続は，わが国の訴訟と同等に扱
われるべきと考えられる。外国訴訟が先行する場合，民訴法142
条を類推し，日本の訴訟を規制すべきとの結論が導かれる。ドイ
ツにおける通説的見解であり，承認予測説とも呼ばれる。この立
場からは，外国判決の承認予測可能性が証明されなければならな
い。

国際的二重起訴の問題を重複起訴の問題と位置付けたならば，
国内の訴訟を規制するにあたり，外国訴訟の先係属が前提とされ
よう（先訴優先原則）。そこで，訴訟係属の先後を決めなければな
らない。国ごとに手続進行が異なり，訴訟係属概念やその発生時
点が異なることが考えられるものの，外国訴訟がどの程度進行し
ていた場合に，わが国の訴訟手続を規制することになるのかとい
う問題として，わが国の訴訟係属概念をもって判断すればよいで
あろう。したがって，被告への訴状の送達の先後を基準とするこ
とになる。適正手続の観点から最低限必要とされる被告への訴
状・呼出状の送達がないままに進められる外国訴訟に基づいて，
わが国での訴訟を規制する必要はない。

この見解によると，重複訴訟とされる前提として，内外訴訟の
訴訟物の同一性が要件となる。わが国と同一の訴訟物理解をする

国は少なく，そもそも訴訟物という概念自体を持たない国もあり，事件の同一性判断が難しい場合があろう。また，将来の外国判決についての承認予測という困難な問題を抱えることになり，とりわけ予測を誤って訴えを却下したところ，外国判決が承認されなかった場合の不都合を回避する方策が問題となる。

> **判例** グールド事件（東京地中間判平成元・5・30判時1348号91頁）
>
> 「『裁判所』とは，我が国の裁判所を意味するものであって，外国の裁判所は含まない」として，国際的二重起訴について旧民訴法231条（現行142条）の適用を否定しつつ，「国際的な二重起訴の場合にも，先行する外国訴訟について本案判決がされてそれが確定に至ることが相当の確実性をもって予測され，かつ，その判決が我が国において承認される可能性があるときは，判決の抵触の防止や当事者の公平，裁判の適正・迅速，更には訴訟経済といった観点から，二重起訴の禁止の法理を類推して，後訴を規制することが相当とされることもあり得る」として，承認予測説への理解を示したが，外国判決が承認されることの確実な予測ができず，「二重起訴の禁止の法理の趣旨を類推して本件訴えを不適法として却下し，その審理を拒絶することは相当ではない」とした。

**特別の事情論**　裁判所は，わが国に国際裁判管轄が認められる場合であっても，「特別の事情」を理由として訴えを却下することができる（民訴3条の9）。外国裁判所の訴訟との競合を特別の事情の1つとして，訴えを却下することも考えられる。旧法以来の「特段の事情論」の流れを汲む判例の立場であり，学説でも通説的見解といえよう。

この立場によると，外国訴訟の等価性や事件の同一性，訴訟係属の先後など厳密な要件審査をする必要はなく，日本と外国のい

ずれが法廷地としてより適切かという事案ごとの判断に帰することになろう。事案に応じた処理が可能となる。

　一方で，解釈論としては，外国訴訟係属が特別の事情となるかは問題である。外国訴訟係属がわが国裁判所における「適正かつ迅速な審理の実現を妨げる」とは考えにくい。外国訴訟が係属するにもかかわらず，わが国裁判所でも重ねて審判することが「当事者間の衡平を害」する場合に，国際裁判管轄が否定され，訴えが却下されることになる。特別の事情として内外判決の矛盾・抵触のおそれを挙げるべきかは，文言からは明らかでなく問題となりえる。もっとも，外国の判決がわが国で承認されないことが見込まれる場合には，権利保護に支障を生じるおそれがあり，特別の事情によって訴えを却下すべきでない。承認予測の問題に関しては，条理（民訴法 142 条類推）説との相違は立証負担の所在程度といえようか。

　この見解は，外国訴訟で紛争が終局的に解決されることを前提とする。その予測を誤り，例えば外国訴訟で本案判決に至らなかった場合には，わが国での再訴を認めなければならない。しかし，特別の事情を理由として訴えを却下した判決が確定すると，当該事件についてわが国に国際裁判管轄がないことについて既判力が生じ，再訴できなくなりそうである。この場合，特別の事情の根拠となった外国裁判所の訴訟係属の消失を基準時後の事情変更として，再訴を認めるほかないが，既判力に関する理解に疑問が残る。

　判　例　知財高判平成 29・12・25（平成 29 年（ネ）第 10081 号）---
　　米国特許権侵害に基づく損害賠償請求権を，原告・被控訴人が有しないことの確認を求める事案において，損害賠償および差止め等

を求める「米国訴訟が既に提起されている以上，日本の裁判所で本件訴訟を審理判断することは，米国，日本の2つの裁判所において実質的には同一の訴訟を審理判断するという無駄を生じるものである上，日本国内に支店や営業所等を有していないカナダ法人である被控訴人にとっても，このような二重の訴訟に対応しなければならないことは無駄であり，負担であることは明らかである」とし，「本件訴訟は，積極的給付請求訴訟である別件米国訴訟と同様，米国の裁判所において審理をするのにふさわしい事案であるといえる上，被控訴人の応訴の負担や，証拠の所在からしても，日本の裁判所において審理判断することには当事者間の衡平を害し，また，適正かつ迅速な審理の実現を妨げる事情が存するものというべきである」として，「民訴法3条の9が定める『日本の裁判所が審理及び裁判をすることが当事者間の衡平を害し，又は適正かつ迅速な審理の実現を妨げることとなる特別の事情』があると認め」，訴えを却下した。

外国訴訟の先行を前提として，外国とわが国のいずれがより適切な法廷地かを比較衡量し，特別の事情により訴えを却下した裁判例である。

---

| 訴えの利益論 |

重複起訴の問題を訴えの利益が定型的に欠ける場合と捉え，国際的二重起訴の問題を訴えの利益の問題と捉える見解もある。内外訴訟で，当事者の権利保護に有意な差異が認められない場合には，二重の訴訟追行の必要性が否定されるとする。民訴法の条文から解放され，事案に即した柔軟な処理を目指す見解である。しかし，訴えの利益が欠けるとされる場合を類型化するか，要件を明確化しなければ，法的安定性に問題を生じる。また，訴訟係属の重複を禁じた民訴法142条は訴えの利益と直接に関係せず，問題の位置づけに問題

が残る。

民訴法142条類推と内
国手続の中止　内外裁判所で訴訟が重複する場合には，
まずは民訴法142条の類推適用による処
理を考えるべきである。

　事件の同一性に関しては，さらには内外訴訟の訴訟物を厳密に
対比する必要はなく，事件の核心において同一であれば，二重起
訴として，内国手続の規制を考えるべきである。訴訟の目的や重
要な争点の重複をメルクマールとして判断すべきである。

　外国判決で内国訴訟の訴訟物につき判断されるならば，内国訴
訟は必要がないとすることもできよう。しかし，承認予測の判断
を誤る可能性は否定できず，外国判決で完全な紛争解決に至らな
い場合も考えられる。また，内国訴訟の訴訟物が外国訴訟の審判
対象に完全に包含されないような場合には，判決の矛盾・抵触を
回避しつつ，重複しない部分について判決する必要もある。訴え
を却下することは妥当でなく，手続を中止することで不都合を回
避することが考えられる。

並行型訴訟と対向型訴
訟　外国を法廷地として選択した原告が，わ
が国裁判所で重ねて権利保護を求める並
行型訴訟においては，直ちに本案判決を
与える必要に乏しい。仮に外国での提訴後に，被告の財産所在地
との関係で，わが国での執行が必要となることが判明し，債務名
義形成の必要が認められるとしても，民事保全によって対処する
ことができる。外国判決を執行するためには執行判決（民執22
条6号）が必要であり，本執行まで時間を要することになるかも
しれないが，外国での提訴を選択したのは原告であり，外国訴訟
を取り下げることも考えられよう。

「不適法な国際二重起訴と言うほかない」として訴えを却下した東京地判平成11年1月28日（判タ1046号273頁）は，数少ない並行型訴訟の例である。本件における原告の真の狙いは不明であるが，ギリシャにおいて自己に不利な内容を含む中間判決が宣告されたという経緯に照らすと，自己の劣勢を挽回すべくわが国での提訴に及んだものと考えられ，かかる不当な動機に基づく二重起訴が違法であることは論をまたない。

他方で**【Case】**のような対向型訴訟においては，状況が異なる。給付訴訟と債務不存在確認訴訟の関係については，国内事案においても，実務では，重複訴訟ではなく，訴えの利益での処理が定着しつつある。例えば，給付訴訟が先行する場合，その本案判決によって債務の存否に関する争いを解決することができ，債務不存在確認の訴えは必要が認められない場合もある。**【Case】**においては，カリフォルニア州裁判所の判決により東京地裁の訴訟物についての判断が示され，紛争が解決されることが見込まれる。カリフォルニア州での審理がとん挫するなど本案判決に至らなかった場合には，わが国裁判所での再訴は，訴えの利益の欠如を理由とする却下判決には妨げられない。

これに対して，給付訴訟には債務不存在確認訴訟にない債務名義形成の機能が認められ，債務不存在確認訴訟が先行するとしても，給付判決を得る必要は消えない。外国での債務不存在確認訴訟の本案判決が目前であり，給付の反訴によるのが適切な場合には，例外としてわが国における給付の訴えの利益が否定されることはあろう。これに対して，内国裁判所での債務不存在確認訴訟が先行していたとしても，外国裁判所で給付の訴えが提起されると，債務不存在確認訴訟につき訴えの利益が消失したとして，訴

えが却下される場合もあろう。対向型訴訟においては，訴訟係属の先後を問題とする必要はない。

*Column* ⑱　訴訟物と二重起訴──核心理論

　国際的二重起訴という枠組みを設定した場合，内外訴訟の訴訟物の異同を対比する必要が生じる。ところが，訴訟物は国ごとに様々であり，英米における cause of action を例に考えても，外国が必ずしもわが国民訴法上の訴訟物概念に相当する概念を有するとも限らない。

　欧州司法裁判所は，2つの判決において，売買代金請求訴訟と売買契約の無効確認等訴訟（グービッシュ-Gubisch-事件）および損害賠償債務不存在確認訴訟と給付訴訟（タトリー-Tatry-事件）は，それぞれ紛争の核心を同じくし，同一請求に関する訴訟に該当するものと判示した。両判決は，慎重にも，ブリュッセル規則（→*Column* ⑦）の解釈論であることを強調するが，EU各国の国内法への影響は小さくない。これが，新たな訴訟物概念の構築への第一歩ともなろう。

---

| 内外判決の抵触 |

国際的二重起訴について一定範囲の内国訴訟を規制するとしても，内外訴訟が並行し，同一の事件について，複数の判決が併存する可能性は否定できない。判決相互に矛盾がなければ問題を生じないが，内外判決が抵触した場合の処理は検討しておかなければならない。

　かつては，内国裁判所と矛盾する外国判決は，「訴えの提起，判決の言渡，確定の前後に関係なく」公序に反するとして一切承認されない，とした裁判例もあった（大阪地判昭和 52・12・22 判タ 361 号 127 頁）。また，先に係属した内国訴訟を顧慮しなかった外国裁判所の判決は承認すべきでないとする見解もあった。しかし，近時では，内国二重起訴の場合と同じく，既判力の抵触問題と捉える見解が一般的となっている。これによると，先に確定し

た内国判決の既判力と抵触する外国判決は公序違反を理由に承認されないが（→第9章 *3* ③），外国判決のほうが先に確定したような場合には，むしろ内国判決は再審により取り消される。

# 第5章 当事者

【*Case*】① 香港に主たる事務所を有する英国法によって設立され、法人格をもたないパートナーシップXが、日本において原告として日本の会社Yを相手に契約上の債務の履行を求めて訴えを提起した。Xに当事者能力は認められるか。

② Xは米国に本店をもち、アメリカ合衆国法に準拠して設立された銀行であり、日本の2つの都市に営業所を有するほか米軍基地内に軍用銀行施設を有していたが、この施設に勤務する日本人従業員Aに就業規則違反の行為があったため解雇した。これに対してAが、Xによる解雇は不当労働行為に当たるとして東京都労働委員会に救済命令の申立てをしたところ、同委員会はこれを認め救済命令を発した。これに対してXが東京都Yを相手に救済命令の取消しの訴えを提起した。なお、Yは本案前の抗弁として、Xの訴訟追行は第二副社長によるものであり、訴訟につきその代表権は否定されるべきであり、もしこれによる訴訟追行を認めることになれば弁護士代理の原則を定めた民訴法54条1項に違反して不適法であると主張している。

③ Aの運転する自動車の事故によって死亡したBの遺族Xは、Aがその後、米国に帰還して所在不明となったとして、米国法人であるY保険会社に対し、日本においてAのYに対する保険金請求権を代位行使して訴えを提起することは認められるか。

# *1* 外国人の訴訟上の地位

　外国人が訴訟当事者となる場合，その訴訟上の地位が問題となる。例えばいかなる外国人が当事者であるのかという当事者の確定の問題，またいかなる外国人が当事者となる資格を有するかの問題すなわち当事者能力，当事者たる外国人が訴訟行為をすることが認められるか，またこれを受けることはどうかの問題すなわち訴訟能力，外国人が当事者となっている訴訟において，当該外国人が正当な当事者であるのか，すなわち当事者適格の問題などがある。これについて，民訴法は，外国人の訴訟能力に関して規定するのみである（33条）。その他については規定がなく解釈に任されている。本章では，外国人が日本で訴訟当事者となる場合の当事者能力，訴訟能力，当事者適格をめぐってどのように規整がなされるべきかを考えてみる。

# *2* 当事者の確定

　誰が当事者であるのかは，訴状の送達や弁論期日への呼出しなど弁論権の保障の対象を決めるのに際して，また裁判管轄や判決効の主観的範囲，手続の中断，中止，国際的二重起訴の有無を判断するためにも重要な問題である。また当事者でない者は手続から排除する必要があるが，そのためにも誰が当事者であるのかを明らかにする必要がある。当事者確定の基準は，法廷地の民事訴

訟法による。日本では表示説，行動説，意思説などを中心に基準に関する議論が多岐に分かれているが，国際民事手続においても同様の議論のもとで誰が当事者であるのかを決めることになる。

　当事者の確定が問題となった事件として，光華寮事件（最判平19・3・27民集61巻2号711頁）がある。これは土地家屋の明渡請求事件であるが，原告は，中華民国であったところ，第1審係属中の昭和47年9月29日に日本国政府が中華人民共和国を唯一の合法政府であると承認したため，原告欄の「中華民国」の表示の意味が問題となった。最高裁は，原告を一貫して中国国家であるとして，上記時点での中華民国の代表権の消滅により訴訟が中断していると判断して，手続の受継のために第1審に差し戻した。最高裁が当事者確定の基準についてどの説を採用したかは，必ずしも明確ではないが，しいていえば意思説をとったといえよう（ただし実質的表示説でも同じ結論に達しうる）。これについては中国国家を原告とすることに様々な方面からの批判のあるところである。この事件を日中関係の正常化問題とあえて結びつけなくとも，中華民国を原告としたままで，権利義務の帰属主体性の有無，すなわち本案で処理することも可能であったように思われる（第1次第1審である京都地判昭52・9・16判時890号107頁は，原告の当事者能力を認めたが，当事者適格を否定して訴えを却下した。しかし後に述べるように，ここでの当事者適格は訴訟追行権ではなく，実体適格＝権利義務の帰属主体性を指すものと解すべきであるから，これを否定する場合は請求棄却の本案判決をすべきであった）。

# *3* 当事者能力

　当事者能力とは，民事訴訟上の当事者となることができる一般的能力をいう。当事者が外国人ないしは外国の団体（社団，財団，組合等，特に属人実体法上，法人格が与えられていない団体が問題となる）であるなど，渉外的要素がある場合，その者の当事者能力をどのような判断基準を適用して決めるのかが問題となる。

**法廷地法説**

　当事者能力の有無については，法廷地法による，すなわち日本においては，民訴法28条，29条の適用で判断するとの立場である。この場合「手続は法廷地法による」の原則が適用になるからである。もっとも日本の民訴法の中には，外国人の当事者能力を定めた規定を欠いているため，国際民事訴訟法（条理）の適用の結果，法廷地法によるとする見解（東京高判昭43・6・28高民集21巻4号353頁は，ケニア法によって設立されたパートナーシップの日本における当事者能力が問題となった事例であるが，東京高裁は，日本の民訴法には当事者能力についての規定がないから条理によって決すべきであるとした）と直接日本民訴法の適用を認めるものとがある。いずれにせよ訴訟法学者の多くは法廷地法説をとる。これによれば，当該外国（法）人が日本の裁判所において当事者能力を有するかは，民訴法28条により，その者が権利能力を有するかによる。その場合，権利能力の有無の判断基準となる「その他の法令」が，法適用通則法4条により本国実体法上の権利能力の有無に依存することになる（民訴法33条の前身である旧民訴法51条の起草委員の多く

は，当事者能力，訴訟能力に関して，この見解を採っていた）。これに対しては，本国実体法ではなく日本民法によるとの見解も存していてこの点は見解が分かれている。もっとも法人格なき社団に関する限り，民訴法29条が適用になることから結論に違いは生じない。

――――――――――
属人法説
――――――――――

当事者能力は権利能力と一体をなし，人の属性に関するものとして，その属人法によるべきであるとする見解である。人の能力の問題は本国法によるとの見解が主として国際私法学者に受け入れられやすかったことから，主に国際私法学者の間でこの説が有力になった。これによれば法廷地がどこであっても，同一の取扱いがなされることがこの見解の長所である。もっとも属人法といっても，①本国実体法説，②本国訴訟法説（東京地判昭43・12・20労民集19巻6号1610頁は，一般論としては，アメリカ合衆国法に準拠して設立され，日本に営業所を有する外国銀行の第二副社長でその営業所の代表者ではない者による不当労働行為救済命令の無効確認を求める訴えにつき，外国人の当事者能力については，民訴法45条（現28条）および法例3条1項（現在の法適用4条1項）を直接経由する必要はなく，民訴法51条（現33条）によって直接外国人の本国の訴訟法が原則として適用されるべきであるとした）とが一応考えられうる。①は本国法上，権利能力が認められる場合に当事者能力が肯定されるとする見解で，②は本国訴訟法により当事者能力が認められることが日本における当事者能力肯定の基準となるとするものである。①説では，実質的に法廷地法説との違いがなくなる。そこで国際私法学説では，②が圧倒的に有力である（法人格を持たない団体の当事者能力が特に問われることからすると，当事者能力については，本国

訴訟法によるべきであるといえる)。ただし本国訴訟法が当事者能力を認めない場合でも、民訴法29条によって当事者能力が認められる場合は、当事者能力を持つとされる。属人法説では適用されないはずの上記条文が適用になる根拠は、内国公序の維持のために特定の事項につき内国実質法の適用を命ずる抵触規定(特別留保条款)の発動にある。

折衷説(選択的適用説)　属人法か法廷地法のいずれかによって当事者能力が認められれば足りるとの見解である。属人法としては本国訴訟法によるとの考え方が一般的であるが、法廷地法に関しては、実体法を含むとの見解(民訴法28条、29条の両条の適用がある)と、民訴法29条の適用のみを認め、これに基づくか本国訴訟法が当事者能力を認める場合には、当事者能力は肯定されるとの見解がある。この見解は、当事者能力の認められる範囲はできる限り広げることが望ましいとの考慮に基づくものである。

各見解の評価　「手続は法廷地法による」との原則の適用があるかは、問題となっている事項(ここでは当事者能力)が「手続」の問題かに係る。これを手続の問題と性質決定する立場からは、法廷地法説が正当化される。しかし法廷地である日本の民訴法28条を適用する結果、法適用通則法4条1項を介して本国実体法が適用されるとすれば、これは果たして上記原則を貫くことになるのかという疑問が湧く。これに対して、属人法説は当事者能力を手続の問題と性質決定しないことを前提とする。もっとも手続の問題であると性質決定すれば、必ず法廷地法が適用されるというほど問題は単純ではない。そのような演繹思考で問題を処理することは、現在では、むしろ疑問

とされている。属人法説のもう1つのメリットは，当事者能力に関する適用法規に関して，当事者に予測可能性を保障することにある。

　当事者能力については，民訴法33条，29条があるため，本国実体法上，権利能力が認められる場合にのみ当事者能力を認めるとの見解に立たない限り，どの見解でも結論に差異はない。しかしあえてどの見解をとるべきかといえば，法廷地法説によるべきであろう。当事者能力は，法廷地における裁判主体としての地位が問われる事柄であり，したがって，属人法所属国の訴訟法よりも法廷地法がより密接な関連性を有しているといえるからである。なおこれによれば，当該外国人ないしは外国法人が当事者能力を有するかは，本国実体法をみることになるが，その前提として，法適用通則法4条が権利能力を含むかが問題となる。これについては，法適用通則法4条には一般的権利能力が含まれると解すべきである。外国自然人については，属人法上権利能力を有する限り，日本における当事者能力を認めるべきと考えるが（民3条2項参照），外国法人については，その属人法が法人格を認めている場合でも，民法35条は，条約で定めた一定の範囲での外国法人のみを認許法人とする建前をとっている。そこで認許外国法人については，民訴法28条で当事者能力を認め，不認許外国法人については，民訴法29条の適用を見ることになる。

　【*Case*】①について簡単に解説をすると，本件においては，法人格を持たない団体が原告となっている。そこで法廷地法説をとれば，民訴法29条が適用になり，その要件を満たす場合（最判昭39・10・15民集18巻8号1671頁，最判平14・6・7民集56巻5号899頁，東京高判昭30・8・9下民集6巻8号1583頁など参照），X

の当事者能力が認められることになる。属人法説をとった場合，本国実体法説によれば，本件では，主たる営業所が香港にあることから議論の余地はあるが，設立準拠法をもって本国法とすると，英国実体法（少なくとも当時）が X に権利能力を認めているかにかかる。また本国訴訟法説によった場合には，英国訴訟法が X の当事者能力を認めるかによるが，たとえこれが否定される場合であっても，内国公序の関係から民訴法 29 条の適用があるとされる場合には，法廷地法説と相違は生じない。また折衷説によれば，日本民訴法か英国訴訟法が，X の当事者能力を認めれば，これが肯定されることになる。

# *4* 訴 訟 能 力

　訴訟能力とは，訴訟当事者または補助参加人として，自ら訴訟追行するのに必要な能力である。すなわち単独で訴訟行為をなし，あるいはこの者に対して，相手方や裁判所が有効に訴訟行為をなすための能力である。訴訟行為は，契約等の取引行為とは異なり，終局判決等，訴訟の最終段階にいたるまで行為が積み重ねられる複雑さを備えた行為であることが通常である。そのため，事理弁識能力を欠く者については，これを保護するため，訴訟無能力の制度がある。当事者が外国人である場合も保護の必要に変わりはない。そこで当該外国人が訴訟能力を有するかを判断しなければならない。訴訟能力を制限される者については，法定代理人等，無能力者保護の要請が働くからである。

　さて外国人の訴訟能力はどの国の法を適用して決められるのか

が問題となる。民訴法28条は,「訴訟能力及び訴訟無能力者の法定代理は,この法律に特別の定めがある場合を除き,民法(……)その他の法令に従う。訴訟行為をするのに必要な授権についても,同様とする」と規定している。さらに,外国人の訴訟能力の有無の判断基準をめぐっては,民訴法33条が「外国人は,その本国法によれば訴訟能力を有しない場合であっても,日本法によれば訴訟能力を有すべきときは,訴訟能力者とみなす」と規定しているが,これらの条文の関係をどのように解すべきか,以下のように見解が分かれている。

**法廷地法説**　訴訟能力は手続法上の概念であるから,「手続は法廷地法による」の原則が適用され,日本が法廷地となる場合には,民訴法28条の規律に従うが,これによれば実体法上の行為能力の有無が基準となるから,法適用通則法4条1項が適用され,本国実体法が当該外国人に行為能力を認めているかによって決めることになる。もっともその結果,当該外国人が訴訟能力を有しない場合であっても,日本法によれば訴訟能力を有すべきときは,民訴法33条によって訴訟能力者とみなされる(法廷地法説によれば,33条の「その本国法によれば訴訟能力を有しない場合であっても」は,本国法により行為能力を有しない結果,訴訟能力を否定される場合を指すことになる)。内外人平等の原則により,日本法によれば訴訟能力が認められる場合にまで当該外国人を訴訟無能力者として保護する必要はないからである(最判昭34・12・22家月12巻2号105頁など従来の判例はこの見解をとってきた。ただし前記東京地判昭43・12・20は,本国訴訟法説に立つ旨判示しているが,事案からいって本件がそもそも訴訟能力の問題なのかを含め,この判決についての評価は分かれてい

る。なお，28条の「法令」には法適用通則法は含まれないとして，日本の民法上の行為能力を基準にするとの見解もある）。

属人法説（本国訴訟法説）

訴訟能力は手続に関する問題であると同時に実体に関する問題でもあるという出発点に立って，外国人の訴訟能力は本国法によるとする見解である。しかも本国法を本国実体法とするのではなく（もしそのように解すれば，法廷地法説と変わるところはないからである），本国訴訟法とする。そこで外国人の訴訟能力は，本国訴訟法によることを原則としたうえで，たとえ本国訴訟法によれば訴訟能力がない場合でも，日本法上訴訟能力が認められるときには，33条が適用されるとする。この場合，民訴法33条は手続的抵触規定として機能することになる。この見解は，33条の文理解釈を根拠としている。すなわち，もし法廷地法説のいうように，28条がまずは本国の実体法上の行為能力を前提とするというのであれば，33条の文言としては端的に，「本国法によれば行為能力を有しない場合」とすべきところ，同条は，行為能力ではなく訴訟能力としていることと，法廷地法説によれば，33条は，法適用通則法4条2項と重複していて無駄な規定となること，法廷地法説によれば，本国実体法上行為能力があるとされれば，本国訴訟法では訴訟無能力とされる者であり，かつ日本法上も訴訟無能力とされても訴訟能力を肯定せざるを得ないという難点があることが挙げられる（前記東京地判昭43・12・20は，外国人の訴訟能力の判断につき民訴法45条（現28条）を経由することなく，同51条（現33条）を直接適用すべきとしたが，本事案の具体的な解決としては，内外人平等の立場から本国法の適用の結果訴訟無能力者であっても，日本法上訴訟能力を有する者は，訴訟能力者とみな

し，反対に本国法上訴訟能力者ないし訴訟追行権者としてみることが，日本の法原則を乱し，公の秩序に反するような場合には，訴訟無能力者ないし訴訟追行権のない者として取り扱うのが相当であるとした）。

なお，訴訟能力に関しても選択的適用説が存在する。その趣旨は，当該外国人の属人法によって訴訟能力の有無を判断するが，たとえそれによれば訴訟能力を有しない場合であっても，法廷地法である日本法によってこれが肯定される場合には，訴訟能力を認めるというものであって，今日の国際的取引の現状からいっても訴訟能力はできる限り広く一律に認めることが望ましいことを理由とする。この見解によれば，昭和43年の東京地判のように，属人法上は訴訟能力が認められても，日本法上はこれが制限されるべき場合に，公序に反するとして訴訟能力を否定したのは，不当であるということになる。訴訟能力を意識的に広く認めることにこの見解の存在意義があるが，属人法説との違いは見いだしにくい。

**各見解の評価**　判例は法廷地法説に立つものが多い（前記最判昭34・12・22，東京地判昭28・2・18下民集4巻2号218頁，大津地判昭49・5・8判時768号87頁）。一般論として属人法説を採るものもある（前掲東京地判昭43・12・20，ただし結論としては，公序を使って法廷地法を優先させているので，厳密な意味でこれを属人法説ということはできない）。東京地裁昭和43年判決の意義は，当事者適格とも絡む問題であるが，弁護士代理の原則にみられるように，日本の司法政策上，三百代言の跳梁跋扈による当事者本人の不利益を事前に防ぐことにある。そこで本国法によれば，訴訟追行を認められる者であっても，上記の訴訟政策を崩すきっかけとなるものをできる限り排除する必

要があるとされたところにある。このような訴訟政策は，日本で訴訟が行われる限り渉外事件においても貫徹されるべきであるとの一般論に支えられている。これを公序条項で処理することも是認されよう。しかしこの事案において，本国法上，訴訟追行権が付与されている第二副社長に訴訟追行権を認めることが先の当事者の利益を害することになるかは疑問である。また現在の任意的訴訟担当理論からいって否定されるべきかも疑わしい（東京地判平3・8・27判時1425号100頁参照）。結局この判決を属人法説に立つとして取り上げることの意味が疑わしいといわざるを得ない。

　ところで属人法説に立ったとしても，民訴法33条の適用を否定しない限り，日本法により訴訟能力が認められれば，当該外国人に訴訟能力が肯定される。属人法説の趣旨はその限りで貫徹されないことになる。むしろ外国人当事者が訴訟無能力者として保護の対象となるべきかは，日本の民訴法の立場で判断するというのが適切なのではないか。しかも法廷地法説は，民訴法28条により本国実体法を考慮する見解であるから，バランスがとれているともいえるし，本国訴訟法説をとると訴訟無能力者の訴訟行為の効力や誰が訴訟上の法定代理人になるのかも本国訴訟法により決まることになるとすれば，日本での訴訟追行がこれでうまく規律されることになるのか，また民訴法35条の特別代理人の制度を使うことが適切な場合でも，これを利用できない場合があるのではないかなどの問題が生じる。このように考えるとやはり法廷地法説が手続上の問題のスムーズな処理を可能にする点で妥当であると思われる。これによれば，本国実体法が行為能力を認めている場合でも，民訴法31条等により訴訟行為の制限がなされている場合には，訴訟能力が制限される。その際，外国における後

見開始の審判等が，日本においても効力を有すると解すべきかについては議論のあるところである（立法による解決が見送られ，現在も解釈に委ねられている）。これを否定する見解によれば，制限行為能力者としての保護を受けるためにはあらためて日本における後見開始の審判等を要することになるが，民訴法 118 条の要件を満たす限り，外国裁判の効力を認めて良いように思われる。そうすると外国裁判の内容に対応する日本の制度により，当該外国当事者の訴訟行為が規律されることになる。

【*Case*】②は，前記東京地判昭和 43 年 12 月 20 日の事案であり，X の当事者能力と訴訟能力が問われたものである。東京地裁は，属人法説を前提として，訴訟能力を肯定しながら任意的訴訟担当に関する当時の否定的判例に基づき，公序の観点から訴訟能力を否定した。これが訴訟能力に関する国際民事手続法の理論ならびに任意的訴訟担当に関する現在の理論からして問題であることは前述の通りである。したがって第二副社長の代表の下，X は訴訟能力を有するものであり，これによる訴訟追行が民訴法 54 条の趣旨に反するものでないことから，X の訴訟追行は適法であると解すべきである（→後述「**任意的訴訟担当**」）。

# 5 当事者適格

| 一 般 |

当事者適格とは，訴訟物である請求の当否について，いかなる者が当事者として訴訟追行するのが必要かつ有効であるかの問題である（当事者適格は訴訟要件に属するものであり，権利義務の帰属主体性すなわち実

体適格とは異なる。したがって端的に訴訟追行権を指すと考えて良い）。すなわち当事者適格は，当事者としての一般的資格の問題ではなく，具体的な訴訟物との関係で決まる事柄である。このような当事者適格が，実体的権利義務の関係で決まるものであるのか（管理処分権説），訴訟政策的に決められるべきものなのか（訴訟政策説）をめぐっては議論のあるところである（ただし，いずれの見解が妥当かの選択の問題とはせずに，管理処分権説のみを基準とするのではなく，訴訟政策的考慮が当事者適格の決め手になることがあるとの議論である）。外国人の当事者適格については，大きく分けて，これを①手続は法廷地法によるとの原則を適用して法廷地法によって決める問題であるが，そのさい実体準拠法も考慮に入れるとの見解，②上記の原則の適用を否定し，むしろ本国実体法が準拠法となるとの見解，③手続に属する事柄か実体かという性質決定により演繹的に答えを出すのではなく，特定の当事者適格の問題に対してまずは法廷地法を適用すべきかを検討し，それが実体的な権利義務に影響を及ぼす場合には，法廷地法実体準拠法に従うべきであるとの見解が対立している。外国人の当事者適格をめぐって議論の対象となっている事柄は，任意的訴訟担当，債権者代位訴訟，訴訟係属中の係争物の譲渡，団体訴訟，クラスアクション，遺言執行者，相続財産管理人，破産管財人の訴訟上の地位など実に多様である。そこでこれを一律に論じることがすでに問題であるとの見解もある。

　渉外的要素を伴う訴訟手続において，誰と誰の間で当該請求についての審理がなされるべきかが問題となったとき，これも手続に関する事項と性質決定して，法廷地法によって処理されるべきであろうか。前述のように当事者適格が実体的法律関係（本案の

請求や代位権行使の基礎となる債権等）と深い関わりを有する問題であることを考えると直ちにこれを肯定することには躊躇を感じる。むしろ法廷地法と実体関係の準拠法の両方に配慮すべき場合があるのではないかと考える。両者の交錯関係をどのように見るべきか等，同じ訴訟要件でも当事者適格にはそれ独特の考慮を要するように思われる。以下では，個別の問題を通して考察してみよう。

## 債権者代位訴訟

債権者代位訴訟に関して，東京地判昭和37年7月20日（下民集13巻7号1482頁）は，交通事故の被害者の遺族Xらが，加害者Y₁を被保険者とする責任保険の保険者である米国保険会社Y₂を相手に保険金請求権を代位行使したという事案であるが，東京地裁は，債権者代位権に関する規定を訴訟追行権の付与という訴訟法上の規定と解して，法廷地法（すなわち日本民法）を適用すべきであるとした。そのうえで本件ではXらがYらに対する保険金請求権を代位行使することは，民法423条1項の規定に基づき適法と判示した。このように債権者代位訴訟の当事者適格について，もっぱら法廷地法によって判断することについては，実体準拠法上そのような訴訟を認めていない場合にまでこれを認めることに対する批判があるところである（ただ，本件は，不法行為＝自動車事故による損害賠償請求訴訟であったことから，法例11条1項〔現在の法適用17条1項〕により日本法が適用になる事案であった）。債権者代位権の実体準拠法が何かについては，債務者の住所地法によるべきであるとの見解，債務者の住所地だけではなく無資力な債務者の財産管理行為であることから財産所在地法を補充的に適用すべきであるとの見解，債権者代位権が債権の効力として認められることか

ら債権者の債権の準拠法によるべきであるとの見解などがある。近時は最後に掲げた基本債権準拠法説が有力といえよう。このような学説の状況に鑑みると、債権者代位訴訟における当事者適格は、単純に法廷地法のみによって決すべき事柄ではないということになる。債権者代位訴訟が認められるかについては、これが手続的な側面を有することに疑いがないことから、まずは法廷地法を適用して、その是非を判断することになろうが、さらに、近時の有力説に従えば、基本債権（被保全債権）の準拠法によりこれが認められるかの判断を要する問題ということになる。そこで結局両者を重畳的に適用すべきとの見解（重畳的適用説）に落ち着くことになる。

　ところで被害者の保険会社に対する請求については、債権者代位という構成のほかに、実体準拠法上、直接請求（action direct）が認められる場合がある。日本にもこのような制度がみられるが（自賠16条）、実体準拠法上これを認める場合に、法廷地法にはこれがないからといってこのような訴えを却下するのは妥当ではなく、むしろ実体準拠法の認める請求権であれば、無理に代位構成をしなくても、これを認めるべきであろう。

　【Case】③について簡単に解説すると、XのYに対する債権者代位訴訟が認められるかは、まずは法廷地法で判断する。そのうえで基本債権の準拠法を見ることになるが、それが不法行為に基づく損害賠償債権であることを考えると、不法行為地である日本法によることになる。そこでXはYに対して、民法423条1項により、債権者代位権の訴訟上の行使が認められる。

　*Column* ⑲　渉外的債権者代位訴訟--------------------------------
　債権者代位訴訟は、法定訴訟担当の一形態であると考えられる。

その場合，債権者の訴訟追行権の有無はどの国の法を適用して決められるであろうか。この点を定めた条約等の国際的取決めは存在していない。本文で見たように，日本では，法廷地法の適用によるとの判例がある。たしかに債権者代位権は，詐害行為取消権と並んで，本来は，債権者がいざ執行するときに債務者のもとに責任財産を確保，保全するための制度であり，強制執行の準備段階の問題なので，手続法的性格を持つことは否めない。しかしこの判例に対しては，批判の強いところである。その理由は，債権者の代位資格は，代位の基本となる債権の存否にかかるものであることから，その債権の準拠法を無視して，法廷地法のみで訴訟追行権を判断することが適切であるかが疑われるからである。ことに日本においては，債権者の当事者適格を基礎づけるために，代位の対象となる管理処分権が債務者から第三者に移転することを根拠とする見解が有力である（平成29年民法改正により，同423条の5で債権者が被代位権利を行使した場合でも債務者は管理処分権を失わない旨の規定が新設されたが，この規定によって債権者代位権の実体法上の根拠が管理処分権の取得であることに変化が生じたわけではない，すなわち，議論はあるが，この規定によって固有適格説が採用されたわけではないことから従来の議論はそのまま通用すると解される）。それだけに債権者，債務者間の実体的法律関係を規律する法と関係なく訴訟追行権を認めることにはやはり疑問を感じる。そうすると，一方で，当事者適格の問題は，訴訟法上の問題と性格づけられるから，「手続は法廷地法による」の原則が適用になり，他方で，債権者の訴訟追行資格を基礎づける債権の準拠法も無視するわけにはいかない。この2つの間で学説は揺れている。この場合，手続法上の問題か，実体法上の問題かどちらと割り切ってしまうことは適切ではない。そこで両者を重畳的に適用する見解が通説となっているわけである。

| 任意的訴訟担当 | 任意的訴訟担当とは，本来の権利主体からの授権に基づいて，第三者が当該権利 |

主体に替わって当事者として訴訟追行すべく，当事者適格を取得するものである。日本では，一般に選定当事者（民訴 30 条），隠れた取立委任裏書（手 18 条），建物の区分所有等に関する法律に定める管理者制度（建物区分 26 条 4 項・57 条 3 項・58 条 4 項など）がこれを法律上認めたものとされているし，民法上の組合の業務執行組合員については，判例が任意的訴訟担当を許容している（最大判昭 45・11・11 民集 24 巻 12 号 1854 頁）。

　渉外的要素を持つ任意的訴訟担当については，訴訟代理と近い関係にあり，実体権との関係が比較的薄いことや，訴え提起のときに問題となるものであることから，法廷地法が適用されるとする見解が有力である。たしかに選定当事者についてはそのようにいうことができる。しかし隠れた取立委任裏書や区分所有における管理者制度，業務執行組合員などについては，担当者と被担当者との実体法関係がこれを許容する根拠となっている関係で，両者を規律する実体的法律関係の準拠法によるべきといえる。もっとも任意的訴訟担当が，弁護士代理の原則（民訴 54 条）や訴訟信託の禁止（信託 10 条）といった内国法の規律の趣旨に反する場合には許容されるべきではないので，これらの原則との関係が問われる。判例を見てみよう。

**判 例　ロイズ・シンジケート事件**（東京地判平 3・8・27 判時 1425 号 100 頁）--------------------------------------------------------

　日本の美術商 Y の従業員である A は，英国の美術商 B の代表者 C と古美術品の皿を買い受ける契約を締結した。ところが A が C から当該皿を受け取って輸送中にこれを紛失したため，B と保険契

約を結んでいた D 保険シンジケートがこれを支払い，そのシンジケートの構成員である X が，他の構成員による訴訟信託の授権に基づいて，Y に対し，主位的請求として，売買代金請求を，予備的請求として，使用者責任に基づく損害賠償請求の訴えを提起したものである。東京地裁は，「X は，……X 以外の保険者全員から訴訟追行権を授権されているのであるから，X 以外の保険者を権利義務の主体とする訴えについては，いわゆる任意的訴訟担当に当たる。ところで，任意的訴訟担当は，民事訴訟法における弁護士代理の原則や，信託法 11 条（現 10 条）が訴訟行為を目的とした信託を禁止している趣旨に照らして，一般に許容することはできないが，当該訴訟担当がこのような制限を潜脱するおそれがなく，かつ，これを認めるべき合理的な必要性がある場合には，これを許容することができるものと解される」と判示し，本件の場合，英国の慣習において筆頭保険者による訴訟担当が認められていること等に鑑みて任意的訴訟担当を許容する合理的必要性が認められるとして，X の当事者適格を肯定した。任意的訴訟担当の準拠法を英国法とすることを前提に，英国の慣習に基づいて任意的訴訟担当を許容し，そのうえ日本の弁護士代理の原則，訴訟信託の禁止の趣旨等を考慮した上で当事者適格を認めた判例と評価することができる。

このように任意的訴訟担当については，担当者，被担当者間の実体的法律関係の準拠法による判断を行い，これが肯定される場合，日本の弁護士代理の原則等をも考慮したうえで，当事者適格の有無を決めるべきである。

なお，知財高判平成 28 年 6 月 22 日（判時 2318 号 81 頁）では，ピカソの相続人（X₁ ～ X₅）のうち，X₁ がパリ大審裁判所の急速審理命令によりフランス民法 1873 条の 6 に基づく不分割共有財産の管理者に選任されたことから，他の相続人を代表して，日本

法人の Y に対し著作権侵害に基づく損害賠償請求等の訴えを提起したところ，Y が X₁ の原告適格を争ったため，X₁ の当事者適格が問われた。知財高裁は，X₁ の訴訟上の地位を訴訟担当と解し，これが本件において認められるかを検討した結果，これを肯定した。その際，まず当事者適格の問題は手続法上の問題であるから，法廷地法，すなわち日本の民訴法が適用されることを前提にしつつも，本件訴訟担当が法定訴訟担当に当たるか，任意的訴訟担当に当たるかを特定することなく，法律関係の準拠実体法であるフランス民法 1873 条の 1 が著作権侵害の不法行為責任の追及を含むこと（管理処分権の肯定），X₁ の訴訟追行に合理的必要性が認められること（最大判昭 45・11・11 民集 24 巻 12 号 1854 頁），前記急速審理命令の承認について，民訴法 118 条 2 号・4 号の要求は求められず，1 号・3 号の要件を満たすことなどを理由に，X₁ の当事者適格を認めた。X₁ の訴訟追行の合理的必要性や弁護士代理の原則との関係などを審理していることからすると，任意的訴訟担当に寄せて検討しているように思われるが，いずれにしても法廷地法を適用しながら，フランス民法の規定によって授権がなされているかを判断している（個別の授権は必要とされないことは，前記最大判昭和 45 年がすでに判示していたところである）。渉外訴訟における当事者適格の判断をこのような手法で行うことは是認されよう。

　最判平成 28 年 6 月 2 日（民集 70 巻 5 号 1157 頁）は，被告 Y（アルゼンチン共和国）に対して，円建て債券（サムライ債）の償還等を請求して訴えを提起するに当たり，本件債券の複数の管理会社（銀行）X らを原告として債券購入者 A らのために任意的訴訟担当の形式をとることが許されるかが問題となった事件であ

る（本件債券の販売に際してXY間で取り交わされた「債券の要綱」には，「Xらは，本件債権者のために本件債券に基づく弁済を受け，又は債権の実現を保全するために必要な一切の裁判上又は裁判外の行為をする権限及び義務を有する」との授権条項の定めがあった）。第1審，控訴審ともXらとAらとの利益相反の可能性等に基づいてXらの訴訟追行権を否定したが，最高裁は，前記昭和45年最大判の基準を引いて，Xらによる任意的訴訟担当を認める合理的必要性を肯定して，事件を第1審に差し戻した。本件最高裁は，XY間の実体的法律関係を定めた要綱で任意的訴訟担当の訴訟追行権が認められるかをどこまで意識しているかは別にして，法廷地法により判断している（本件において権利者であるAらの授権が明示的に存在しているわけではないことに鑑みて，授権を希薄化することを正当化する合理的必要性があると判断されたものと評価することができる。その点でこの判決がどこまでの射程を持つものであるかは問題で，本判決を事例判決とみる見方が有力である）。任意的訴訟担当は，弁護士代理の原則（民訴54条）や訴訟信託の禁止（信託10条）など健全な司法政策の維持のための制度と深い関わりを持つため，担当者と被担当者間の実体的法律関係のみならず，法廷地である日本法による許否の判断を要するものと考えられる。

**クラスアクション，団体訴訟**

米国法を準拠法として，アメリカ人の当事者が日本においてクラスアクションを提起することができるであろうか。クラスのメンバー間の実体的権利関係により，クラスによる任意的訴訟担当が行われるという実質を伴うものであれば，「**任意的訴訟担当**」で述べた場合と同様の扱いとなる。しかし実体法的な関係が薄い中でのクラスアクションの提起は，純粋に手続的問題とな

るので，法廷地法が適用され，その場合，日本の訴訟手続の構造の中に組み込むことには困難があるということになる（代表者の適格性，クラスメンバーの手続保障等。もっとも近時，消費者の金銭的被害を救済するための集合的〔ないしは集団的〕訴訟が可能となった。消費者裁判手続特例法により消費者の財産的被害の集団的回復をはかるものである）。団体訴訟に関しては，適格消費者団体による差止請求が認められている（消費契約12条，特定商取引58条の4以下，景表10条）。消費者被害の金銭的救済をはかる消費者裁判手続特例法や消費者契約法等の団体訴訟においては，当事者（原告）適格者が限定されていることからすると，外国の団体が直ちにこの制度に乗せてこれらの訴訟を提起することができるというわけではない。

### 係争物の譲渡

訴訟係属中に係争物の譲渡がなされた場合，当該訴訟が譲渡人によって続行可能か，譲受人が訴訟を承継すべきかは，実体的な法律関係にかかわる問題というよりも，訴訟政策的な事柄であるから，手続の問題と捉えることができる。したがって法廷地法によって決せられる。この点日本は訴訟承継主義をとっているので，これに従うことになる。

### 遺言執行者，相続財産管理人，倒産管財人の当事者適格

これらは本国法の実体法が，これらの者にどのような財産管理権を与えているかが重要な判断要素となる。したがって本国の実体法がまずは適用されるべきことになる。そのうえで実体法上管理処分権を持つ者に当事者適格が付与されるべきかを法廷地法で判断すべきである（共同相続財産につき相続財産管理人が選任されている場合，共同相続人全員が当事

者として相続債権の取立訴訟を提起できるかについて，これを肯定した判例がある。最判昭53・2・24民集32巻1号110頁)。なお外国で選任された倒産管財人が日本に存在する債務者の財産に関する訴訟において当事者適格を有するかについては，平成12年に制定された外国倒産処理手続の承認援助に関する法律，同規則によって立法的に解決された。これによれば，外国管財人には債務者の財産に関する訴訟における当事者適格が否定され，法廷地法である承認援助法による承認管財人・保全管理人に当事者適格が与えられている（承認援助34条・53条)。

# 第6章　送達と司法共助

【*Case*】①　日本企業 X 社は，東京地方裁判所に，フランス法人 Y 社を相手に売買代金支払請求の訴えを提起した。ところが，Y 社は，日本国内に，本店はもちろん営業所も有していない。どのように訴状および期日呼出状を送達するのか。

②　日本企業 J 社は，突然，米国企業 A 社から，A 社がニューヨーク連邦地方裁判所（district court）に J 社を被告として売買代金支払請求の訴えを提起した旨が記載された訴状を受け取った。その訴状は，すべて英語で記載されており，書留郵便で郵送されてきたものである。J 社は，どのように対応することが考えられるか。

## *1*　司法共助の種類

　司法共助とは，一般に外国司法手続に対する協力をいう。国際的民事手続を遂行するためには，訴訟行為のすべてを一国内で完結できない場合も少なくない。裁判権は国家主権の一要素であり，原則として，その行使は自国領域内に限定される。ある国の裁判所が他国領土内で司法権を行使することは当然には許されない。したがって，司法手続を進めるに当たり，外国国家に対し協力を求める必要が生じる。司法共助には，外国にいる当事者に対する訴状等関係書類の送達および外国にある証拠方法の取調べ（狭義の司法共助）のほか，外国裁判の執行等も含まれる（広義の司法共

助）。司法共助は国家間での協力であり，正式な国交のない国との間での協力は難しい。例えば，経済的な交流が盛んな台湾との関係においては，送達や証拠調べの必要が生じた場合に支障を生じるおそれがある。

　本章では送達を取り扱い，証拠調べ（→第7章）および判決の執行（→第9章）に関しては別章を立てている。

## 2　裁判関係書類の送達

送達の必要性

訴えが提起されると，訴状は，被告に送達されなければならない。送達とは，当事者その他利害関係人に対し，訴訟上の書類または電磁的記録の内容を知る機会を与えるため，法定の方式に従い行われる通知行為である。訴状が送達されることによって，訴訟法律関係（裁判所・原告・被告の3面関係）が完成し，訴訟係属が生じる。また，訴訟の途中でも，例えば訴え変更の書面（民訴143条3項）や訴え取下げの書面（同261条4項）などの送達が規定され，判決等も当事者に送達されなければならない（同255条）。訴状に限らず，関係書類の送達を必要とする場面は少なくない。また，訴訟手続に限らず，執行手続においても差押命令などの送達が必要となる。わが国では，送達は職権で行われ（職権送達の原則），送達に関する事務は裁判所書記官が司る（同98条）。送達は裁判権行使の一部であり，外国主権との関係において，わが国の裁判所書記官や執行官等が直ちに外国で送達を実施することは許されない。もっとも，外国所在の当事者が日本国内の送達場所を届け出た場

合（同104条）には，日本国内で送達を実施することが可能であり，外国主権との抵触を生じない。しかし，送達場所の届出がない限り，外国での送達が必要となる可能性は常にある。

送達方法 民訴法は，名宛人の住所・営業所等において書類の謄本または副本を名宛人に直接交付する交付送達（民訴101条，令4改正後の102条の2）を原則的送達方法とする。書類の送達は，原則として，名宛人の住所・営業所等において書類の謄本または副本を名宛人に直接交付する方法で行われる（民訴103条，民訴規40条）。また，電磁的記録に記録された事項の送達は，記録された事項を出力し，作成された書面によって，書類の送達と同様の方法で行われる（令4改正後の民訴109条）。電子的情報処理組織を使用した方法で送達を受けることの届出がされた場合には，閲覧等の措置がとられた旨の通知を発する方法でされる（同109条の2第1項）。しかし，交付すべき場所で送達を受けるべき者に出会わない場合には，使用人その他相当のわきまえのあるものに書類を交付することができ（補充送達），名宛人等が正当な理由なく送達書類の受領を拒む場合には送達場所に書類を差し置くことができる（差置送達。民訴106条）。補充送達も差置送達もできない場合のために，さらに擬制的送達方法として，裁判所書記官が所定の場所に送達書類を書留郵便等に付して発送する郵便に付する送達（同107条），および，名宛人が出頭すれば送達書類を交付する旨を裁判所の掲示板に掲示し（同111条），または裁判所に設置された電子計算機の映像面に表示して行われる公示送達（令4改正後の111条）が規定されている。外国における送達に関しては，民訴法は1か条を設けるにすぎず（民訴108条），とくに詳細な規定を置いていない。

付郵便送達や公示送達が認められるのは，交付送達ができなかった場合である（同107条・110条1項）。外国において送達が実施されるべき場合でも，まずは交付送達の方法が検討されなければならない。

*Column* ⑳　送達と主権免除----------------------------------------------

　大陸法系諸国では，職権送達主義が採られ，送達は裁判権行使の一翼に属する。ドイツ法を継受するわが国でも同様に捉えられている。ところで，外国国家や領事に対して訴えが提起された場合，外国や領事がわが国裁判権に服しないことも考えられる。主権免除の問題である（→第2章）。

　訴えが提起されると，訴状と呼出状が被告に送達されなければならない。送達が裁判権の行使であり主権行為であるとするならば，主権免除を享受する被告に対して訴状等を送達することはできないことになるが，反対に，主権免除が及ばない場合には，直ちに送達を実施して妨げないことになる。

　絶対免除主義によったならば，処理は比較的簡単である。要するに，外国が主権免除を放棄し，進んでわが国裁判権に服する場合や，不動産関係訴訟など限られた場合にのみ，裁判権を行使することができるのである。したがって，ごく限られた例外的場合を除いて，外国の応訴意思を確認し，免除が放棄された場合にのみ，改めて送達を実施すれば足りよう。かつては，細則を定めた「外国を相手方とする民事事件に関する応訴意思の有無等の照会について」と題する通達に従った処理がされていた。

　これに対して，制限免除主義が採用された場合，裁判権を行使できる範囲が格段に拡がり，外国の免除特権放棄の有無に左右される範囲は狭くなる。主権免除が及ばない場合，受訴裁判所としては，直ちに送達を実施すべきであり，あらかじめ相手方の応訴意思を確認する必要はない。わが国は，かつて絶対免除主義を採るものとされたが，制限免除主義に移行するのに伴って，上記通達は廃止され

た。その結果，直ちに送達が試みられ，手続が開始され，判決まで免除に関する解決が先送りされることになった。以下のような処理となる。

(ⅰ) 外国を相手に訴えが提起された場合，直ちに訴状等の送達を試みるべきである。外国が訴状等を任意に受領した場合であっても，そのことから直ちに主権免除の放棄を認めるべきではなく，改めて裁判所は，当該訴訟における主権免除の成否について判断することになる。

(ⅱ) 外国が訴状を任意に受領しなかった場合に，補充的送達方法を執ることは可能であるが，差置送達は礼譲の観点から望ましくないであろう。たとえ公示送達等によって，事実上送達が実施されたとしても，裁判権の及ばない者に対する送達は違法であり，無効というほかはない。したがって，訴訟係属が違法となる。訴えは却下される。

# *3* 法　　源

条　約

司法共助は，外国裁判所との協力関係であり，国家間の合意を必要とする場面が少なくない。わが国は，1954年の「民事訴訟手続に関する条約」（以下「民訴条約」という），1965年の「民事又は商事に関する裁判上及び裁判外の文書の外国における送達及び告知に関する条約」（以下「送達条約」という）の2つの多国間条約を批准し（昭45条6・条7），二国間条約として，「日本国とアメリカ合衆国との間の領事条約」（昭39条16）および「日本国とグレート・ブリテン及び北部アイルランド連合王国との間の領事条約」（昭40条

22）を締結している。そのほか，ブラジル連邦共和国，オーストラリア連邦等21か国との間で二国間共助取決め（口上書）を取り交わしている。民訴条約および送達条約の締約国は，多くが重複しているが，必ずしも同じでない。送達条約は，民訴条約の共助手続を簡略化し，改善することを目的とした条約であり，これに取って代わることを意図して作られた。したがって，相手国が両条約の締約国である場合には，送達条約は民訴条約に優先して適用される（送達条約22条）。

国 内 法 外国からの共助要請に対応する手続を整備するため，「外国裁判所ノ嘱託ニ因ル共助法」（以下「共助法」という）があるが，わずか4か条の規定である。関連法規としては，「民事訴訟手続に関する条約等の実施に伴う民事訴訟手続の特例等に関する法律」（昭45法115）および同規則が重要である。

## *4* わが国裁判所からの共助要請（送達の嘱託）

わが国手続のために外国での送達が必要となった場合，当該外国が，民訴条約あるいは送達条約の締約国か否かによって，送達方法が異なる。したがって，最初にこの点を確認する必要がある。【*Case*】①の場合がこれに当たる。フランスは，民訴条約，送達条約双方の締約国である。ある国が民訴条約ないし送達条約の締約国であるか否か等については，ハーグ国際私法会議のホームページで調べることができる（https://www.hcch.net/）。

## ① 送達条約締約国である場合

適用対象　送達条約は，「民事又は商事に関し，外国における送達又は告知のため裁判上又は裁判外の文書を外国に転達すべき場合につき，常に適用」される（1条）。民訴条約と規定ぶりが若干異なるが，基本的にこれと適用対象を同じくする。

　民事または商事に関する文書が対象となる。したがって，刑事事件に関する文書は除かれるが，行政事件に関する文書については，事案によるものとされる。また，裁判上の文書には，訴状のほか，答弁書，準備書面，期日呼出状，判決等，裁判で用いられる一切の文書を含む。裁判外の文書とは，すべての文書ではなく，紛争を事前に予防し，または，当事者の法律上の地位を保全するための文書で，送達を要するものに限られ，わが国では執行証書（民執22条5号）がこれに当たる。送達の要否は，文書作成の根拠となった国の法により判断される。例えば，わが国では，訴状は送達されなければならない（民訴138条1項）が，準備書面は当事者間で直送される（民訴規83条1項）ものと規定されている。訴状の送達は，手続の冒頭に立ち，訴訟上重要な意味を持つ。それゆえ，送達の有無や日時に関する後日の紛争を避け，手続の安定を図る必要があるためである。

嘱託の経路　送達条約によると，原則として，中央当局を経由して送達の嘱託が行われる（中央当局送達）。すなわち，締約国は，送達の要請について処理する中央当局を指定するものとされ（わが国は外務大臣を指定している。民訴手続特24条），「嘱託国の法律上権限を有する当局又は裁

判所附属吏」が，受託国の中央当局に対して，送達の要請を行う（送達条約3条）。わが国では，受訴裁判所が直接に受託国の中央当局に送達を嘱託することはなく，嘱託書および送達書類は，最高裁判所（事務総局）を経由して外国の中央当局に送付される（下級裁判所事務処理規則27条）。文書は，外国中央当局から送達実施当局に転達され，送達が行われる。「転達」とは，文書を送達実施機関に送付することをいう。

　送達条約は，また，強制によらない方法で，自国外交官または領事官が直接名宛人に対して送達することを認めている（領事送達。送達条約8条1項）。領事送達については，文書の作成された国の国民以外の者に対する送達を拒否する旨を宣言することが認められている（同条2項）。領事送達は，国家が自国民に対して対人主権を有することによって認められるのであり，強制にわたる場合には，接受国の領土主権を侵害することから認められていない。中央当局送達は，受送達者が受領を拒んでも送達を実施することができるが，時間を要し，翻訳の負担も少なくない。実務においては，中央当局送達の利用は，領事送達によることができない場合に限られているようである。

> **送達方法**

送達方法は，①受託国の法律で定める方法，②要請者が希望する特別の方法のほか，③名宛人への任意交付による（送達条約5条1項・2項）。

　さらに送達条約は，10条において，締約国に対して，名宛国が拒否の宣言をしない限り，(a)外国にいる者に対して直接裁判上の文書を郵送する権能，(b)嘱託国が直接受託国の送達実施機関に送達を嘱託する権限，および，(c)裁判手続の利害関係人が直接受託国の送達実施機関に送達を申し立てる権限を認めている。わが

国も拒否を宣言しており，外国における送達方法として，裁判長による嘱託のみが規定され，郵便による送達の規定が置かれていないことから，わが国裁判所が直接郵送の方法を採ることはできない。

### ②　民訴条約締約国である場合

適用対象

民訴条約の適用対象は，「民事又は商事に関する裁判上及び裁判外の文書」であり，その意味は送達条約と同じである。

嘱託の経路

民訴条約によると，原則として，嘱託国の領事官から受託国の指定当局にあてた要請に基づいて，受託国の指定当局が送達実施機関に転達し，送達が実施される（指定当局送達。民訴条約1条）。わが国では，受訴裁判所が在外領事官に直接嘱託を要請するのではなく，嘱託をする裁判所の長から最高裁判所に送付を依頼し，外務省から在外領事を経て嘱託書が外国の指定当局に送られる（平成3年4月10日最高裁民二第89号通達）。旧ソ連から条約関係を承継したロシア連邦およびウクライナ，ポーランドは，送達要請が外交上の経路を通じて提出されることを希望する旨の宣言を行っている（民訴条約1条3項）。これらの国に対して送達を嘱託する場合，文書は，外務省から在外大使・公使に送られ，大使・公使から受託国外務省に提出され，送達実施機関に転達されることになる。

送達方法

送達方法は送達条約と同じであるが，任意交付を原則的方法とし，受託国の法が定める方法および特別の方法による送達は，嘱託国が希望した場合に限り実施される。この場合，送達されるべき文書が，受託国

の指定当局が用いる言語または二国間で合意された言語で作成されるか，翻訳されなければならず，原則として，翻訳文について，嘱託国の外交官もしくは領事官または受託国の宣誓した翻訳者による翻訳の正確性に関する証明を得る必要がある（民訴条約3条2項・3項）。わが国には「宣誓した翻訳者」の制度がないため，外交官または領事官が正確性を証明することになる。受送達者が任意に受領することが見込まれる場合や翻訳が困難な場合を除いて，確実を期すため，実務では，通常は受託国たる外国の国内法で定める方法による送達を要請しているようである。

そのほか，直接郵送による送達，利害関係人が直接名宛国の送達機関に送達を申し立てる方法および領事送達が規定されている（民訴条約6条）。

### ③　二国間条約締約国──相手国が英国および米国──である場合

英国および米国は，民訴条約の締約国ではなく，両国との間での司法共助は領事条約によって規律される。日英・日米いずれの領事条約においても，領事官が，派遣国の法令に従い，かつ，接受国の法令に反しないような方法で，派遣国の裁判所のために，裁判上の文書を送達することを規定する（日英領事条約25条，日米領事条約17条1項(e)(i)）。適用対象となる文書は裁判上の文書に限られるが，送達の名宛人の国籍を問わない。

### ④　条約締約国以外の場合──管轄裁判所送達

民訴条約または送達条約を批准せず，かつ，わが国と一般的条約を締結していない国に関しては，多くは口上書等の形式で個別

に応諾がされ，または二国間で一般的な司法共助取決めが交わされていることもある。この場合，民訴法108条の規定によって，送達が実施されることとなり，受訴裁判所が，相手国裁判所の管轄官庁に宛てて，送達すべき文書に相手方の公用語による翻訳文を付して，外交上の経路によって，送達を要請することになる。

## ⑤　公 示 送 達

条約あるいは民訴法に基づいて現実の送達が適切な時期までに実施されたことが示されない場合には，公示送達を利用することができる。すなわち，外国において送達すべき場合に，外国に送達の嘱託をしたが有効に送達が実施されなかったり，外交関係がなく司法共助自体がありえず，送達の嘱託すらできなかった場合に，公示送達が行われる。

外国における送達には相応の時間を要し，適時裁判の観点からも公示送達は有用である。外国における送達が不可能な場合だけでなく，外国における送達を嘱託した後6か月を経過しても，送達を証する書面が送付されてこない場合にも，公示送達が認められている（民訴110条1項3号・4号。なお送達条約15条2項も参照）。しかし，訴状が公示送達によって送達された場合，これに基づいて下されたわが国の裁判が外国で承認・執行されない危険が伴い（民訴118条2号参照），その選択には慎重な考慮を要する。司法共助の前例がないとしても，個別の応諾の可能性がある限り，直ちに公示送達を行うべきではなかろう。

外国においてなすべき送達について公示送達が実施された場合，文書の掲示を始めた日から6週間が経過することによって，送達は効力を生じる（民訴112条2項）。公示送達の効力が生じるまで

の期間は通常2週間であるところ，事件の渉外性を考慮して期間が延長されている。

# 5　外国からの送達要請

## ① 民訴条約ないし送達条約締約国からの受託

<u>適用対象</u>　民事または商事に関する文書が対象となる。民事と刑事の区別は比較的明確であるが，懲罰的損害賠償を刑事制裁の一種と位置づけるならば，懲罰的損害賠償を求める訴訟の訴状は，送達条約に基づいて送達することはできないことになる。

　送達の要否は文書作成の根拠となった国の法により判断される。本条約の裁判外の文書として，債権譲渡通知書や催告書などが考えられよう。

<u>受託するまでの経路</u>　送達に関しては，わが国が外国に嘱託する場合だけでなく，反対に，外国から送達が嘱託される場合も決して少なくない。

　基本的には，わが国が外国に対して送達を嘱託する場合の逆の経路をたどって嘱託がされる。民訴条約および送達条約締約国からは，それぞれ指定当局ないし中央当局たる外務大臣（民訴手続特2条・24条）に対して，嘱託書および送達すべき文書が送付されてくる。

<u>送達方法</u>　送達の方法としては，①任意交付，②わが国民訴法にしたがった送達および③特別の方法がある。外国が希望する特別の方法としては，例えば証

人の面前での送達や会社代表者に直接手交することなどが考えられる。民訴条約上は，任意交付による送達が原則的送達方法とされるが，受託国たるわが国が任意交付を省略して，送達文書が日本語で書かれているか翻訳文が添付されている限り，民訴法にしたがった送達を実施することも許される。ただしこの場合には，費用の償還を請求することは認められない。民訴法上の送達または特別の方法による送達の場合，翻訳文の添付が必要である（送達条約は，翻訳文の添付は義務的とは規定していないが，受託国は翻訳文の添付を要請することができるものとされ〔5条3項〕，わが国はこれを要請している）。

わが国は，手続保障の観点から問題の多い送達条約10条が規定する送達方法に関して拒否を宣言している。【*Case*】②の事例において，J社は，受領を拒否することができる。もっとも，受訴裁判所において送達が有効とされる可能性があり，J社の米国資産に対する執行のおそれは否定できない。

### 送達の実施と拒絶

送達の嘱託を受けた場合，わが国は，民訴条約または送達条約加盟国との関係においては，わが国の主権または安全を害する性質のものであると判断されない限りは，これを拒否することができない（民訴条約11条3項3号，送達条約13条1項）。問題となるのは，訴訟で求められている請求内容がわが国公序に反することを理由として，送達を拒否できるかである。例えば，判例によれば，懲罰的損害賠償を命じた判決は，わが国公序に反するものとされる（→第9章*3*③）。懲罰的損害賠償を求める訴状の送達が米国からわが国に嘱託された場合に，送達を拒否できるかという形で問題が生じる可能性がある。訴状がわが国で送達される必要があるとしても，

後日，わが国で判決の承認・執行が求められるとも限らない。また，送達への協力は，当該手続において下される判決を必ず承認するという意味を含むものではなく，わが国における承認・執行が問題となった際に，改めて公序違反の有無について審査することは可能である。したがって，単なる公序違反は送達を拒絶する事由とはならないものとすべきであろう。

反対に，外国から送達が嘱託され，わが国がこれを受託し，送達を実施したとしても，送達について協力するという以上の効果は認められない。例えば，わが国が外国での訴訟の訴状につき送達を実施したとしても，当該外国の国際裁判管轄を承認したことまで含意しない。その手続によって下された外国判決が，国際裁判管轄の欠如を理由として，承認されないことは当然にありえる。

## ② 領 事 送 達

日英領事条約および日米領事条約は，わが国に駐留する領事官が，わが国で派遣国（英国または米国）のために送達を実施することを認めている。また，民訴条約および送達条約も，外交官または領事官が接受国たるわが国で文書を名宛人に対して直接送達することを認めている（民訴条約6条1項3号，送達条約8条）。両条約は，嘱託国の国民に対して強制によらない送達を行う場合をのぞいて，領事送達を拒否する旨宣言することを認めている（両条約の各条2項）。しかし，わが国は，この拒否を宣言していない。したがって，英国および米国の領事官以外にも，両条約締約国の領事官がわが国で送達を実施する可能性がある。ただし，強制的な方法による送達は許されない（送達条約8条1項但書）。

## ③ 共助法による方法——管轄裁判所送達

　民訴条約および送達条約の加盟国でない国は，共助取決めにより，わが国での送達を嘱託すべきことになる。この場合に，わが国裁判所が，共助法に基づいて，外国裁判所からの嘱託に応じることになる（共助1条）。

　共助法は，外交機関を経由して行われ（共助1条ノ2第1号），①日本語により作成された嘱託書により，②送達文書の翻訳を添付して，嘱託国が③費用の補償および④わが国からの送達の嘱託に対して共助を与えることを保証していることを共助の要件とする（同条4号～6号）。

　送達は，民訴法の規定に基づいて実施される（共助3条）。

### *Column* ㉑　日本における外国による直接郵送
#### ——送達観の相違

　私送達主義を採る英米法系の国の当事者から訴状が直接に郵便等で送られてくることがある。これへの対応は，3つの段階に分けて考えられる。

　①　受領の拒否　　訴状の受領を拒否するという選択肢が考えられる。この場合，必然的に外国での訴訟に欠席し，敗訴判決を受ける結果は避けがたい。

　②　訴状を受領するが，外国訴訟で訴えの不適法却下を求める。外国裁判所が，法廷地国の手続法にしたがい送達の適否を判断することになり，私送達主義の国からすると，適法と判断される可能性が高い。

　③　最終的には，わが国で当該外国判決の効力を争う方法もある。司法共助によらない送達の適否が，承認要件（民訴118条2号・3号）の問題となる。

# *6* 送達の証明と費用

## ① 証　　明

送達に瑕疵があれば，これを基礎とする手続も瑕疵を帯び，外国で判決が承認されない結果につながる。また，送達により訴訟係属を生じ，送達実施日を基準として上訴期間や訴え取下げの同意期間が算定される。送達実施の有無および日時は，重要な意味をもつ。国内送達事件では，送達報告書が作成され，送達の事実が明らかにされる。

```
　証　明　書
```

　　　　　　　　　　　民訴条約は，受送達者の受取証または受託国の証明書により，送達の証明がされることを規定する（5条）。送達条約も，受託国の中央当局または指定当局が作成する証明書による証明を規定する（6条）。わが国で送達が実施された場合，裁判所書記官が，証明書を作成することになる。

## ② 費　　用

送達の費用は，訴訟費用として予納されなければならない（民訴費12条）。

民訴条約および送達条約は，少額の送達費用の請求・償還に伴う手数の省略と当事者の費用負担軽減のため，原則として償還請求できないものと規定している（民訴条約7条1項，送達条約12条1項）。もっとも，裁判所付属吏が介入した場合および特別の方法による送達が実施された場合に要した費用は，償還されなけ

ればならない（両条約同条2項）。例えば，わが国で執行官送達が
実施された場合の費用がこれに当たる。

　当事者が負担すべき費用としては，中央当局への送達の場合に
最高裁判所から外国の中央当局への郵送料がある。領事送達の費
用は国庫負担とされる。管轄裁判所送達の場合には，原則通り当
事者が送達費用を負担する。

| 翻訳の費用 |

翻訳の費用は，裁判所が翻訳を依頼する
場合には，当事者が予納しなければなら
ない（民訴費2条9号）。民訴条約は翻訳が正確であることの証明
を必要とするが，在外日本大使館がこれを行っている。送達条約
は，手続を簡易にするために翻訳文の添付を必要としていないが，
実務では，受託国の公用語または受託国との間で取り決められた
言語による翻訳文を添付しているようである。

【*Case*】① 日本企業Ｘ社は，米国企業Ｙ社が従業員Ｚを使って，Ｘ社の企業秘密を盗み出し，不当にこれを使用したとして，東京地方裁判所に損害賠償を請求する訴えを提起した。Ｘ社は，企業秘密侵害の事実を立証するためには，Ｙ社とＺ間の通信内容やＹ社の営業記録等の証拠調べを必要と考えている。しかし，それらはすべて，Ｙ社の本拠地である米国に保管されている。また，Ｘ社は，ニューヨークに住むＺの証人尋問も必要と考えている。

② 米国企業Ａ社は，日本企業Ｊ社が従業員Ｉを使って，Ａ社の企業秘密を盗み出し，不当にこれを使用したとして，ニューヨーク連邦地方裁判所（district court）に損害賠償請求訴訟を提起した。Ａ社は，企業秘密侵害の事実を立証するためには，Ｊ社とＩの通信内容やＪ社の営業記録等の証拠調べを必要と考え，Ｊ社に対して，ディスカバリー（discovery）を求めてきた。

また，Ａ社は，東京に住むＩの証言を録取したいと考えている。

# *1* 渉外訴訟における証拠調べ

　裁判は，手続・実体の両面において適正でなければならない。実体的に適正な裁判に至るためには，適正な訴訟資料を必要とする。とくに証拠の有無が裁判の結論に直結し，その重要なことは多言を要しない。

渉外的要素のある裁判手続においては，証拠が法廷地国以外の国に存在することも稀ではない。証拠調べの主体は裁判所であり，証拠調べは裁判権行使の一内容である。したがって，外国にある証拠の取調べは，外国における主権の行使となり，主権侵害の問題を生じる可能性がある。それゆえ，在外証拠の取調べに当たっては，外国の協力を必要とする。国家間での証拠調べに関する協力は，送達における協力と並ぶ国際司法共助に関するもう1つの核心である。ところで，一般に証明の対象は，事実である。しかし，外国法もまた証明の対象とされ，裁判所が外国大使館等に対して調査嘱託を行うことも考えられる（→第8章 *3*）。これに対して回答することも，外国裁判手続に対する協力であり，広義の司法共助に含まれる。

　本章は，狭義の司法共助のうち証拠に関する問題を取り扱う。

## *2*　証拠調べと証拠収集

証拠収集

　証拠調べの前提として，証拠方法（証拠調べの対象）が収集されなければならない。わが国では，弁論主義の支配する通常の民事訴訟においてはもちろんのこと，職権探知主義が採られている手続においても，実際には証拠のほとんどは当事者の手によって収集されている。私人たる当事者により行われる証拠収集活動は主権行為ではなく，たとえそれが外国で行われたとしても，外国主権の侵害問題を生じない。反対に，外国訴訟の当事者が，日本国内で，私人として（強制力を用いることができないのは当然である），外国訴訟のため

の証拠を収集することは，わが国主権に対する侵害とはならない。

訴訟資料の収集として共通する当事者照会（民訴163条）や提訴予告付提訴前照会（同132条の2）は，制裁を伴わず，私人たる当事者が相手方に対して行う任意の調査であり，外国にいる相手方に対して実施されたとしても，主権侵害の問題を生じることはない。また，弁護士法23条に基づく照会も，各単位弁護士会を通じて行われ（単位弁護士会の会長名で行われる），強制力がなく，主権行為とはならない。

| 証拠保全 |

これに対して，提訴前の証拠保全（民訴234条）や証拠収集処分（同132条の4）の主体は裁判所であり，その実施は原則として主権の及ぶ範囲に限定され，司法共助を要する場合が生じる。

# 3 証拠調べ手続

| 準 拠 法 |

「手続は法廷地法による」の原則に従い，証拠提出に関する責任や権限の分配，証拠調べ手続，証拠能力，証拠評価，心証の程度などについては，法廷地訴訟法が適用される。たとえば，【*Case*】①で，Zの通信記録が必要とされた場合，東京地方裁判所は，たとえ通信会社が外国企業であったとしても，民訴法186条に基づいて調査嘱託を利用することが考えられる。証明の対象もまた，法廷地法により決せられる。したがって，わが国裁判所での手続においては，これらの諸問題に関しては，日本法が準拠法となる。その結果，わが国の訴訟においては，自由心証主義のもと原則として証拠方法

に制限はなく，証明の程度としては，証拠の優越では足りず，客観的な高度の蓋然性が原則として必要とされる。

書証・検証・鑑定と当事者尋問　証拠方法には，人証（当事者，鑑定人，証人）と物証（検証物，文書および準文書）がある。証拠調べ手続に関しては，それぞれ別個に規定されており，これを分けて考えることが有益であろう。

　人証のうち，当事者を証拠方法とする場合，理論上は当事者本人が外国で病床にあるような場合も考えられるが，実際には任意に出頭する場合がほとんどであり，外国の協力を必要としない。鑑定に関しても，特に外国在住の者を鑑定人としなければならない事態は考えにくく，私鑑定の活用により正式な鑑定を回避することも可能である。

　また，物証に関しては，当事者が所持する検証物や文書については，任意に提出されることが多いであろうし，相手方が所持する検証物および文書について，検証物の提示命令（民訴232条）や文書提出命令（同223条）を出すことは，当事者がわが国の裁判権に服している以上，当然に許される。問題となるのは，第三者が所持する検証物・文書である。一般に，当事者以外の第三者もまた，検証物提示義務，文書提出義務を負うものとされるが，それは裁判への協力を内容とする国法上の義務であり，第三者がわが国の裁判権に服していることを前提とする。したがって，わが国の裁判権に服しない者に対して検証物の提示命令や文書提出命令を発することは許されるとしても，任意の提出を求める意味しか持ち得ず，過料等の制裁を課すことはできない。

証人尋問　　証人に関しては，実務では当事者の努力により出頭が確保されることが多く，呼出状が発せられるのは例外である。証人が任意に出頭する場合に，司法共助を利用する必要はない。問題は，証人が任意に出頭しない場合である。一般に国内にいる者は，わが国の裁判権に服する限り（天皇や外国大使・領事などを除く），証言義務を負い，強制力を用いてその出頭を確保することも可能である。しかし，わが国裁判所が，外国にいる者に対して強制力を行使し，あるいは，外国で証人尋問を実施することは，外国主権との抵触問題を引き起こす。在外証人が任意に尋問に応じる場合には，ウェブ会議等を利用して尋問することは妨げない（民訴204条）が，その結果下された判決の外国（とりわけ在外証人の所在地国）での承認可能性につき問題が残る。それゆえ，在外証人の尋問に関しては共助の必要が生じることになる。

　司法共助の実例として，証人調べ以外の利用を聞かない。


# *4* 法　　源


　証拠調べに関しても，送達におけると同様，わが国の裁判所における手続のため外国に対して証拠調べを嘱託する場合と，わが国が外国の裁判手続のため協力する場面とが考えられる。

　証拠調べに関する司法共助の法源として，民訴法のほか，①民訴条約および特例法，②二国間条約（日米領事条約，日英領事条約）および二国間共助取決め，並びに，③共助法がある。

## *Column* ㉒  証拠収集条約 ----------------------------------------------------------------

　民訴条約と並んで，証拠調べに関する司法共助の重要な条約として，「外国における民事又は商事に関する証拠の収集に関する条約（Convention on the Taking of Evidence Abroad in Civil or Commercial Matters)」（証拠収集条約）がある。この条約は，民訴条約に取って代わるものとして作成され，とくに民訴条約に加入していない英米諸国との間における共助に関するルールの確立を企図して作成された。すなわち，世界的にも突出した米国の証拠収集手続に対応することを念頭に作られた条約である。例えば，証拠収集条約は，締約国がコモンロー諸国における弁論期日前の文書開示手続（pretrial discovery of document）のために発せられた証拠調べ嘱託書を実施しない旨を宣言することを認めている（23条）。明らかに米国の広範なディスカバリー（→*Column* ㉓）への対応を予定した規定である。日本企業も米国のディスカバリーには頭を悩ませている。それにもかかわらず，わが国は，証拠収集条約を批准しておらず，わが国においては，証拠収集条約にしたがった取扱いも予定されていない。証拠収集条約への加入については，議論が続けられよう。

　国際的に注目されるのはEUの動きである。EU内における証拠収集に関する司法共助のためのEU規則が制定された。その規定内容は証拠収集条約と類似する点も少なくない。さらに進んで，受訴裁判所が直接証拠調べを行い，あるいは，受命裁判官や受託裁判官が証拠調べに立ち会う可能性を規定し，また，通信機器の発展に伴いビデオや電話を利用して受訴裁判所が直に接する形での証拠調べの実施を規定する。直接主義との関係でも大いに参考となる規定である。しかし，それはEU統一へ向けた相互の信頼関係を背後に控えた制度であり，わが国でも同様の条約が望ましいとするのは早計であろう。

-----------------------------------------------------------------------------------------

# 5 外国にある証拠の取調べ・証拠保全

　わが国裁判所における手続のために外国にある証拠の取調べを必要とする場合について，民訴法は，「外国においてすべき証拠調べは，その国の管轄官庁又はその国に駐在する日本の大使，公使若しくは領事に嘱託してしなければならない」と規定する（184条1項）。しかし，本条によって直ちに，わが国の大使・公使や領事官が外国で証拠調べをすることが許されるわけではなく，当該外国の許諾などの根拠が必要である。

　受託国となる外国が民訴条約の締約国であるか否かにより，わが国受訴裁判所の採りうる手続は異なる。具体例としては，【*Case*】①のような場面である。

## ① 民訴条約による証拠調べ

**指定当局証拠調べ**　　　民訴条約は，外国の指定当局を通じて，外国の司法当局に証拠調べを実施してもらう方法を規定する（9条）。この場合，まず，わが国の受訴裁判所が嘱託書を作成し，この嘱託書が最高裁判所を通じて，外務省を経由して，わが国領事官に送られる。ついで，領事官から受託国の指定当局に対して，証拠調べの嘱託が行われる。受託国の指定当局は，権限のある当局にこれを転達し，受託当局によって証拠調べが実施される。受託国は，自国の法律に従い証拠調べを行う（14条1項）が，わが国が特別の方法によって証拠調べの実施を求めることも，受託国の法律に反しない限度で可能である（同

条2項）。さらに，証拠調べ期日における当事者の立会権を保障するため，受託当局に対して，期日および場所を通知するよう要請することができる（11条2項）。

証拠調べに要した費用を償還する必要はない（16条1項）。しかし，証人もしくは鑑定人に支払う費用，証人の出頭を確保するのに要した費用および特別な方法による証拠調べに要した費用は，これを償還しなければならない（同条2項）。

**領事証拠調べ**　民訴条約は，受託国が拒否しない限りにおいて，外国に駐在するわが国領事官または外交官に嘱託して，直接に証拠調べを実施させることを許容する（15条）。

受訴裁判所が嘱託書を作成し，これが最高裁判所を通じて，外務省から在外公館に送付される。証拠調べは，わが国領事官によって，わが国の民訴法に従って実施される。例えば，在外邦人を証人として尋問する場合には，外国裁判所に嘱託して通訳を利用して尋問するよりも，領事官によった方が効率的である。証人等が日本語を理解する場合には訳文の添付も必要でなく，迅速な実施が期待される。その反面，強制力を用いて証人の出頭を確保することは許されないので，その実施は，証人が任意に応じる場合に限られる。

**外交上の経路による証拠調べ**　民訴条約は，締約国に「司法共助の嘱託が外交上の経路を通じて転達されることを希望することを宣言することができる」（9条3項）ものとする。現在，ロシア連邦，ウクライナおよびポーランドは，この宣言を行っている。これらの国に対して証拠調べの嘱託を行う場合，受訴裁判所が作成した嘱託書は，最高

裁判所から外務省を通じて，わが国大使から相手国の外務省に送付される。

### ② 二国間条約による証拠調べ

わが国は，証拠調べに関しても，英国および米国と二国間領事条約を締結している。したがって，英国または米国にある証拠方法の取調べが必要となった場合，各領事条約に基づいて証拠調べを実施することができる。

┌─────────────┐
│ 領事証拠調べ │
└─────────────┘

いずれの領事条約も，「自発的に提供」される「証言を録取すること」（日英領事条約25条，日米領事条約17条(1)(e)(ii)）を認めている。手続は，民訴条約のそれと同じである。【*Case*】①で，Zの証人尋問は，日米領事条約に基づいて実施される。実施に当たっては，わが国の領事館長または館長が指定する領事が裁判官の職務を行い，館長が指定する館員が裁判所書記官の職務を行う。

また，二国間共助取決め（口上書，交換文書など形式を問わない）がある場合，民訴法184条により，外国の裁判所に証拠調べを嘱託することができる。

┌──────────────────────┐
│ 管轄裁判所証拠調べ │
└──────────────────────┘

受訴裁判所は，嘱託書を作成し，最高裁判所を経由して，外交上の経路を通じて受託国裁判所に証拠調べを嘱託する。嘱託書には，尋問事項書等のほか，ブラジルに対して嘱託する場合を除いて，相手国の公用語による訳文が添付されなければならない。費用の償還も必要である。

受託国は，自国法に従い証拠調べを行い，証人に出頭を強制することも可能である。

## *6* 受訴裁判所での扱い

弁論への上程　外国で実施された証拠調べの結果は，わが国の受訴裁判所の弁論に上程されなければならない。当事者に証拠調べの結果を援用するか否かの選択権はなく，裁判所が結果を顕出してもよい。上程の効果として，証拠方法が本来の取調べ方法によって取り調べられたものと扱われることになる。例えば，証人尋問が実施された場合，尋問調書が書証として取り調べられるのではなく，証人尋問として，その結果自体が証拠資料とされる。

証拠能力　証拠能力の有無は，わが国の民訴法によって判断される。とくに証拠調べが受託国法上不適法とされる場合であっても，わが国民訴法に違反していない場合には，その証拠調べは有効とされる（民訴 184 条 2 項）。外国での証拠調べに，わが国で実施される以上に厳しい要件を課す必要がないからである。証拠調べに関する規定の多くは任意規定であり，責問権の放棄・喪失により瑕疵が治癒される（同 90 条）。問題は，瑕疵が治癒されない場合である。不適法な証拠調べにより得られた証拠を排除することはできず，裁判官の自由心証に委ねるほかないとする見解もある。しかし，違法の程度が著しく，例えば証言が証人の人格権を侵害するような方法で取得されたような場合や当事者に立会いの機会を与えず，当事者の裁判を受ける権利の侵害となるような場合には，証拠能力は否定されるべきである。これらの場合には，証拠調べをやり直すことにな

る。もっとも，証拠調べの再施が不可能な場合もあり，その場合には，証拠調べ調書自体を書証とすることは認めざるを得ないのであり，裁判官は違法な証拠調べの結果を自由心証のもと参酌することができる，とする見解もある。しかしながら，尋問結果の証拠能力を否定しなければならない程度の違法性が認められる場合には，少なくとも証拠価値が否定されるべきである。

# 7 外国手続と日本国内にある証拠方法

証拠調べの受託

わが国裁判所が証拠調べを嘱託する場合とは逆に，外国からわが国に対して証拠調べの嘱託がされることも予定されている。【*Case*】②の場面である。この場合，わが国が証拠調べの嘱託をする場面のまさに反対形相となる。すなわち，相手国が民訴条約の締約国である場合，①指定当局証拠調べおよび②領事証拠調べが認められる。また，英国および米国は，領事条約に基づいて，領事官が自発的に提供される供述を録取する領事証拠調べを行うことができる（日英領事条約 25 条，日米領事条約 17 条(1)(e)(ii)）。領事証拠調べは，領事館の中で派遣国法に従って実施される。領事証拠調べに関しては，わが国裁判所が直接に関与することはない。なお，日米領事条約は，領事官が「公の記録所の文書の写し又は抜粋を入手すること」ができるものとする（17 条(1)(f)）。本号の反対解釈により，証言録取以外の証拠調べは許されないものと解する見解が示されている。

判　例　国際司法共助事件における証言拒絶（最決平 18・10・3民集 60 巻 8 号 2647 頁）------------------------------------------

日本法人 A 社が日本の国税当局から所得隠しを理由に追徴課税を受け，所得隠しの利益が A 社の米国関連会社に送金されて，同社役員により流用されたことにより，合衆国の国税当局も追徴課税をしたとの報道が日本のテレビや新聞および米国でされた。米国関連会社・役員等は，アリゾナ州地区連邦裁判所に，アメリカ合衆国を被告として，米国の税務職員が，報道機関に違法に情報漏洩されると知りながら，日本の税務官に対し，無権限で虚偽を含む情報を開示したことにより報道がされ，株価の下落，配当の減少等の損害を被ったとして，損害賠償を請求する訴えを提起した。

連邦裁判所の開示手続として日本に居住する記者の証人尋問が申請され，日本の裁判所に対して証人尋問の嘱託がされた。証人尋問手続において，証人である記者が取材源の特定に関する証言を拒絶した。

最高裁は，「職業上の秘密」に該当するとして「民訴法 197 条 1 項 3 号に基づき，本件の取材源に係る事項についての証言を拒むことができる」とした。

司法共助としての証人尋問は，日本の民訴法により実施され，証言拒絶事由に関しても民訴法 196 条等の規定に従う。特に報道機関の取材源に関する証言は，最高裁が言及するとおり憲法 21 条にも関係する重要な問題である。証言拒絶の範囲につき外国手続法を適用することも理論上は考えられるが，その必要があるとしても，日本の民訴法を適用する際に斟酌されるにとどまる。

------------------------------------------

民訴条約締約国および英米両国以外の国との関係では，二国間共助取決めまたはわが国の個別の応諾に基づいて，管轄裁判所証拠調べが嘱託されることもある。

指定当局証拠調べ　わが国受訴裁判所が嘱託する場合と逆の経路をとおって嘱託が行われてくる。嘱託に際し嘱託国からの要請があれば，期日および場所を嘱託国に通知するが，この場合，当事者に対する呼出しは不要となる（民訴条約 11 条 2 項）。通知が要請されなかった場合でも，当事者が期日に立ち会わない旨を明示しない限りは，呼出状を送達すべきものとされる。証拠調べは，地方裁判所の事物管轄に属するものとされ（民訴手続特 3 条 2 項），証拠調べについて裁判所がした裁判については，当該地方裁判所を受訴裁判所とみなして不服申立てに関する民訴法の規定が適用される（同 9 条）。

　わが国は，嘱託に応じて証拠調べを実施すべきであるが，(i)嘱託書の真正が立証されない場合，(ii)当該証拠調べがわが国の司法権に属しない場合，および，(iii)当該証拠調べの実施がわが国の主権または安全を害する性質のものと判断される場合には，受託を拒否することができる（民訴条約 11 条 3 項）。証拠調べは，わが国の民訴法に従って実施される。例えば証人尋問における証言拒絶権の範囲は日本法により決せられる（大阪高決昭 48・7・12 下民集 24 巻 5〜8 号 455 頁。なお，証拠収集条約 11 条は，受託国法と嘱託国法の重畳適用を規定する）。嘱託国により，例えば宣誓の方式や証人尋問の方法などでわが国の民訴法に規定のない特別の方法によることが要請された場合，わが国は，民訴法等の規定に反しない限度で，これに応じなければならない（民訴条約 14 条 2 項）。また，わが国は，外国で用いられていると同様の強制方法によって証拠調べを実施する（同 11 条 1 項前段）。しかし，わが国が嘱託国と同じ強制方法を有しない場合，類似の方法によってこれを実施するほかない。ただし，当事者の呼出しに関しては，強制方

法を用いる必要はない（同項後段）。当事者の不出頭（手続への非協力）の効果（不利益）は，本来の手続国である受訴裁判所国の手続法に委ねられるものとされたからである。

**管轄裁判所証拠調べ** 口上書等の二国間司法共助取決めに基づいて，相互主義のもとに実施される証拠調べに関する司法共助である（共助1条ノ2第1項6号）。当事者や証拠方法等を記載した嘱託書が外交機関を経由して送付される。証人等の住所地を管轄する地方裁判所が，わが国の民訴法に従って証拠調べを実施する（共助1条・3条）。

当事者が期日に出頭しない旨を明示していない限り，当事者に対して呼出状が送達されなければならない。

*Column* ㉓ **ディスカバリー** ⸺⸺⸺⸺⸺⸺⸺⸺⸺⸺⸺⸺⸺

証拠に関する捉え方の違いが顕著に現れる場面が，ディスカバリー（discovery）の問題である。英米諸国では，当事者が相手方や第三者に対して資料の提出を求める手続が，わが国の集中証拠調べ期日に相当するトライアルに先行する。その内容は，証言録取，文書等物証の提示，身体・精神の検査および自白の要求である。ディスカバリーは，訴訟戦術のための強力な武器のひとつであり，濫用されるおそれもある。

このディスカバリーは，当事者の主導のもと実施され，民訴条約等の手続を経ることなく，当事者や代理人（米国の弁護士）によって外国でも同様に実施されてきた。そして，この実務が大陸法系の諸国で問題視された。当事者主導とはいえ，その違反には裁判所による制裁（裁判所侮辱＝contempt of court）が予定されている。単なる当事者の証拠収集活動とは同視できないものである。もっとも米国側からすると，他国からは過度に広汎かつ強力で異質に映る制度であったとしても，ディスカバリーに制約を加える条約のほうが正義にもとるように感じられるようである。この相違が司法摩擦の一因で

ある。

---

# *8* 外国裁判所での扱い

証拠調べの結果の送付

わが国で実施された証拠調べの結果は，最高裁判所を通じて，嘱託国に送付される。受訴裁判所における証拠能力などに関しては，嘱託国の法令によって判断される。

また，わが国の立場からすると，証拠調べ手続が違法と評価されるとしても，受訴裁判所の見解によると適法とされることも考えられる。この場合，その証拠に基づいて下された本案判決がわが国で承認・執行されるか否か，という形で後日問題となることも考えられる（→第9章）。

# 第8章 外国法の適用

【*Case*】① ドイツ在住のAは，自家用車を1台購入し，主として
ドイツで使用していた。Aは，イタリアで，この自動車を盗
まれたため，保険金の支払いを受けた。保険約款中に，保険金
の支払いから1か月以内に自動車が戻らなかった場合，保険会
社Xが自動車の所有権を取得する旨の規定がある。盗難の数か
月後に，日本企業Bが，ドバイ（アラブ首長国連邦）の中古車販
売業者Cから，本件自動車を購入し，日本に輸入した。Dは，
Bから本件自動車を購入し，しばらく使用した後に，Yに転売
した。

　Xは，Yに対して，所有権に基づき本件自動車の引渡しを求
め，日本の裁判所に訴えを提起した。

② 韓国国籍をもつA女は，韓国国籍をもつB男と約5年間日本国
内において生活をともにしていたが，法律上の婚姻をしてい
なかった。Bが死亡し，AがBの相続人を相手として，事実婚
解消に伴う財産分与と予備的に遺産分割を求めて，日本の家庭
裁判所に家事審判の申立てを行った。

　なお，家事審判の申立てに先立ち，ソウル高等法院でA・B
間に事実上の婚姻関係が存在することの確認がされていた。韓
国民法839条の2第1項が離婚に伴う財産分与を規定してい
るが，その規定が事実婚にも準用または類推適用される旨の韓
国大法院の判決がある。また，相続に関しては，韓国民法1003
条1項が「被相続人の配偶者」を相続人とする旨を規定する。

　韓国民法839条の2または1003条1項の規定が事実婚当
事者の一方が死亡し，事実婚が解消となった場合にも準用また
は類推されるのか否かについて，韓国の公権的解釈の存在およ
び学説状況も明らかにされなかった。

# 1 渉外訴訟における法適用過程

裁判における法適用 ｝ 裁判の結論は，裁判（判決）三段論法により導き出される。すなわち，大前提となる法規に小前提たる事実を当てはめ，結論が出される。渉外事件に関する手続においても，この基本構造に変わりはない。仲裁手続においても，法に基づいて判断すべきとされる事案が多く，裁判における法適用と同様にして結論が導かれる。もっとも，当事者意思に基礎を置く仲裁手続においては，法適用に関する当事者支配がより広い範囲で認められることになる。

　また，渉外民事手続においては，純粋国内事件にはみられない特殊な問題が生じる。

準拠法の決定 ｝ 渉外訴訟では，日本法が適用されるとは限らないのは当然であり，第一段階の作業として，適用すべき法規（準拠法）自体が決定されなければならない。【*Case*】①では，所有権に基づく自動車の引渡請求権が訴訟物とされており，所有権の帰属が問題となり，自動車の所有権に関する準拠法が，ドイツ法，ドバイ法，イタリア法あるいは日本法のいずれであるのか決められなければならない（最判平14・10・29民集56巻8号1964頁参照）。準拠法の決定に関しては法適用通則法に規定がおかれ，直接の規定がないものに関しては，国際私法上の条理にしたがって決定される。国際私法上，準拠法を決定する要素は連結点と呼ばれる。したがって，準拠法を決定するためには，連結点が確定され，これに法適用通則法または条

理を適用するといった作業が必要となる。すなわち、すでに大前提のレベルにおいて、一度目の裁判三段論法の操作が必要となる。その結果、本案判決に至るまでに、二段階の法適用が必要となる（渉外的性質のある事案についてのみ国際私法が適用されるとする通説的見解を前提とするならば、国際私法の適用の有無についても同様の操作が必要となり、三段階の構造となりうる）。

準拠法の適用

第二段階として、認定された事実に準拠実体法を適用することになるが、準拠法が外国法となる場合も多い。しかし、外国法の内容は必ずしも明らかではなく、むしろ裁判官がその内容を知らないのが通常であり、裁判官にそれを要求することは酷ですらある。

ところで、訴訟における審理は、実体法の定める要件事実の証明責任に従って整理され、進行される。渉外訴訟においては、法規の内容自体が争いとなる場合も少なくない。実体法規の内容が明確でない場合、整序された訴訟の進行が危うくなる。

以上のとおり渉外事件には、法適用の階層性と不安定性が認められ、純粋国内事件にはない問題を内包している。

問題設定

これまで外国法の適用問題として、①外国法の性質論、②外国法の証明、③外国法不明の場合の処理方法、および、④上告可能性という問題設定が行われてきた。かつては、これら具体的問題の解決を模索するに先立って外国法の法的性質論が議論され、性質論から演繹的に結論を導こうとする傾向がみられた。しかし、現在では、外国法も法規範であり、法規範として訴訟の大前提をなすことに関しては争いがなく、むしろ、この問題が法政策および訴訟制度上の問題であることが認識されるに至り、こうした演繹的思考傾向は影

を潜めている。外国法の性質論は，外国法が訴訟上，内国法規と同様に扱われるのか（法規説），あるいは，事実に準じた扱いを受けるのか（事実説）という結果からみた分類以上の意味はないとの評価を受けるようにもなっているのである。したがって，本章では，性質論の問題はひとまず措き，それ以外の諸問題について順次説明していくこととする。

### *Column* ㉔　外国法適用と手続規律

　法解釈について当事者と裁判所に共通の認識を欠いたままでは，充実した審理は期待できない。法的対論ないし法律弁論の重要性が意識されている。

　渉外訴訟においては，日本法の解釈適用のみが問題となる純粋国内事件にも増して，準拠法の確定，準拠法の内容，準拠法の適用結果のそれぞれにつき当事者間で争いとなることが考えられる。充実した審理を期するためには，これらの諸問題について共通認識の形成は欠かせない。また，裁判所の見解と異なった準拠法を前提とした弁論が重ねられても意義に乏しく，終局判決において突如として，当事者が予想したのと異なった準拠法に基づいて判断された場合，当事者は不意打ち裁判との印象を抱くであろう。準拠法に関する共通認識が，審理の充実と手続保障を裏付けることになる。

　裁判所が当事者と準拠法に関する共通認識を得る方法としては，弁論準備手続等における議論が重要であり，心証の開示も必要となろう。さらに準拠法の決定は，訴訟の先決事項であり中間の争いとなる。中間判決を活用して，審理を整序することも検討されるべきであろう。もっとも，判決裁判所は，中間判決に拘束され，終局判決で判断をあらためることができなくなる。法適用の問題であり，他の中間の争いと同じ扱いでよいかは問題となろう。

　当事者が全く予期しない準拠法を適用し，（本案）判決することも，法適用の職権性を強調すれば，違法とまではいえない。しかし，

手続保障の観点から弁論の再開が要請される場合も考えられよう。

---

# *2* 準拠外国法の探査・証明と適用

証明対象としての外国
法

「裁判官が法を知る（*iura novit curia*）」あるいは「汝は事実を語れ，余は法を語らん（*Narra mihi factum, narrow tibi jus.*）」との法諺に見られるように，財産関係事件を典型とする通常の民事訴訟事件においては，事実資料の収集は当事者の責任かつ権限とされるのに対して，法規の内容の調査および解釈・適用は裁判所の専権に属する事項とされている。したがって，原則として，法規の内容は証明の対象とはならず，裁判所が職権によって調査すべきものとされている。ただし，その例外として，外国法や慣習法のように，必ずしも裁判所が知ることを要求することのできないような特殊な法規範については，証明の対象となるものとされている。しかし，その証明に関しては，証拠方法や証拠調べ手続等に関する民訴法の規定から解放されたいわゆる自由な証明が許され，裁判所は職権で外国法の内容を探査することが認められるものと解されている。そして，外国法が証明の対象とされるとしても，その内容が不明であった場合に，証明責任によって処理されることには必ずしもならない。

外国法の解釈・適用

国際私法学における通説的見解によれば，裁判官は，裁判において外国法を適用する際には，(i)外国において外国の裁判官がするように外国法を解

釈・適用すべきであり，(ii)条文の原典に当たるのが望ましく，(iii)準拠法所属国の判例あるいは必要に応じて学説・文献をも参考としなければならないものとされる。また，法の適用は，裁判所の責務であり，職権で行われる。したがって，当事者の主張・援用を待たずとも，裁判所は法の適用を行わなければならないものとされる。通説は，外国法の適用もまた国内法と同様に職権で行われるべきものとする。

これに対して，訴訟で当事者が外国法を援用することによって初めて外国法が適用されるという見解（任意的抵触法論）もあるが，少数説にとどまっている（古く大阪地判昭35・4・12下民集11巻4号817頁が「準拠法として特定の国の法規の適用を主張し，その法規の適用により自己に有利な法律効果の発生（請求権の存在）を主張する当事者において，特定の国の法律の適用があることを訴訟上主張，立証する必要がある」と判示し，一見したところ外国法の適用を当事者の主張・立証にかからしめる趣旨と受け取ることができそうであるが，連結点の証明責任に関する判示である）。

| 裁判所の権限と責務 |

通説的見解は，法の適用が裁判所の専権事項であることから，法適用の前提となる外国法の内容の探査についても，裁判所の権限であると同時に責務でもあるとする。すなわち，裁判所は，外国法を解釈・適用する職責を負うのと同時に，外国法の内容もまた職権をもって自ら進んで探知すべきであり，探査方法につき限定はなく，裁判官の私知を利用することも可能であるとされる。

これに対して，裁判所は外国法の内容を進んで探査する権限はあるが，責務まではないものとする有力説が対峙する。すなわち，外国法も法として国内法と同様の扱いを受けるべきというのは，

司法の国際協調の理念からは望ましい一面を有し，規範的には正当であるが，「平均的裁判官」に過重な負担をかけ，司法運営上の観点からすると望ましくない結果をもたらす可能性もあり，制度的限界があるとして，弁論主義と職権探知主義との中間的処理の必要を説く。

外国法が，準拠法として，実体法のレベルでは日本法と等しく扱われるとしても，わが国の裁判所において，訴訟上もまた日本法と同列に扱われなければならないとする必然性はない。国内法の解釈適用を裁判官の専権事項とする制度は，裁判官の法内容に関する理解に対する信頼を前提とする。しかしながら，外国法に関しては，この前提が成り立たない。それゆえ，民事裁判の基本に立ち返るべきである。すなわち，通常の民事訴訟事件においては，訴訟資料の収集は当事者の支配に委ねられる。事実と同様に，法規範も裁判の結論を導くための一資料である。したがって，弁論主義の妥当する通常の民事訴訟事件においては，外国法の内容について弁論主義に準じた扱いをすべきことになる。これに対して，客観的真実に基づく解決が要請される職権探知主義の支配する手続においては，外国法の内容もまた職権で探知されるべきことになろう。

　裁判官の負担軽減の必要や外国法に関する理解への期待・信頼など，訴訟政策的考慮が前面に出る一場面である。

# 3 外国法の証明（探査）方法

鑑　定

裁判所に外国法の内容が必ずしも明らかではない場合に，当事者は，①鑑定（民訴212条以下）や②私鑑定などの方法を駆使して，その立証に努めることになる。鑑定は，裁判所の能力を補充する手段であり，他の証拠調べ方法と異なった意味をもつ。ここから一般的な職権鑑定の可能性が主張されている。特に法律鑑定に関しては，職権鑑定の必要性が強調されている。法内容の探査が裁判所の職責とされるのであるならば，鑑定費用を当事者に負担させる正当性が議論される必要があろう。また，外国法に関して鑑定を実施する場合，法規や外国判例の抽象的内容だけでなく，事案に外国法を適用した結果を鑑定事項とすることの当否が問題となる。鑑定が法規の抽象的な内容の報告にとどまるならば，法律鑑定の実を挙げられない可能性があり，反対に，鑑定人が事実への法適用結果までも提示したならば，裁判官の職域を侵すことにつながりかねない。

　法規の内容は鑑定事項であり，鑑定意見が裁判所を拘束することはない。裁判官が法の適用結果に関する鑑定意見を参考にすることはもちろん許される。

調査嘱託と裁判官の私知

裁判所は，①釈明処分としての調査嘱託（民訴151条1項6号）や②証拠調べとしての外国の官庁・公署に対する調査の嘱託（同186条）のいずれも利用することが認められる。また，裁

判官が個人的に資料を収集・調査することも認められ，必要ともされている。通説は，外国法が立証対象とされるとしても，いわゆる法規証明の対象とされるのであり，裁判官の個人的知識の利用は当然許されるもの，と解している。もっとも，裁判官の私知の利用が認められるとしても，特に外国法の内容に関しては，制度上も裁判官の法的知識は担保されていないのであり，当事者に対して法的討論の機会を保障することが重要となってくるであろう。

法情報の共有

現在では，情報機器が発達し，インターネット等を通じて，多くの諸外国の法内容や判例等を探査することが以前と比べて容易になった。ヨーロッパでは，外国法についての情報に関するヨーロッパ協定（1968年）が締結され，法情報の共有化が進められている。これに対して，日本の置かれた状況は大いに異なる。すなわち，わが国とアジアをはじめ諸外国との間に法情報の提供や相互利用に関する協定や条約はなく，大使館や領事館への調査嘱託も大きな効果を期待できないでいる。また，マックスプランク研究所（Max-Planck Institute）のような外国法に関する研究機関も整備されておらず，わが国は，外国法の探査について裁判所を補助する体制に乏しい状況にある。将来の大きな課題である。

## *4*　外国法の不明

　裁判官といえども万能ではなく，外国法の内容まで熟知していないのが常である。また，外国法に関する十分な法情報が揃わな

いことも常態である。したがって，裁判所において探査を試みたにもかかわらず，外国法の内容につき確信が得られないという状態が生じることがある（大阪高決平 15・4・22 家月 56 巻 5 号 124 頁参照）。この場合，裁判所は，どのように裁判すべきであろうか。裁判の大前提である法規の内容が不明であり，裁判することが不可能であるとして，訴えを却下することは裁判の拒絶を意味し，憲法上およそ許されない。何らかの実体判断をする方法が模索されなければならない。学説において，もっとも熾烈に争われる問題点であり，見解も分かれている。

条理または近似法の適用

法規の内容が不明である場合，条理によって内容を補充すべきとする見解（条理説）がある。準拠法の適用という原則を貫徹するものであり，国際私法による準拠法指定の趣旨を可及的に維持し，妥当な解決を模索する見解と評価することができる。問題は，条理の内容にある。普遍的一般的法原則を想定することのできない場合も多く，裁判官の主観に左右されることは否定できず，安定性に劣るといわざるを得ない。また，条理の内容が，日本法上の条理と異ならない結果となること（札幌地判昭 59・6・26 家月 37 巻 7 号 65 頁参照）も少なくないであろう。

　外国法の内容を補充する際に，一般的法原則に依拠せず，類似の法体系に属する他の国の法規定から準拠法の内容を推認すべきとする見解もある（近似法説）。例えば，北朝鮮国法の内容について，大韓民国法または旧ソビエト法の規定からこれを推認することが，その例である（東京家審昭 38・6・13 家月 15 巻 10 号 153 頁）。この見解に対しては，もっとも近似する内容の法を発見することが常に可能とは限らないし，また，近似法が，特定の法律

問題について，本来の準拠法と同じ規定内容である保障はないと
する批判が向けられている。

| 補充的連結 |

準拠外国法の内容が不明である場合，当
該準拠法の適用を断念し，補充的準拠法
を探求し，第2次的準拠法を適用して結論を導くべきものとする
見解もある（補充的連結説）。不明確な内容の法の適用という困難
を回避しつつ，法による裁判の原則を維持しようとする見解と評
価することができる。これに対しては，この場合に補充的連結を
行い，本来の準拠法と異なった準拠法の適用を行うことは，国際
私法の原則と調和しないとの批判が向けられる。

これに対して，国際私法との調和を回復しようと努めるのが，
法廷地法説である。すなわち，裁判所は，原則として，その法廷
地の実体法を適用して裁判し，国際私法を通じて外国法が準拠法
とされる例外的場合にのみ，外国実体法を適用して裁判する。外
国法の内容が不明で，その適用を諦めなければならないならば，
原則に立ち返り，裁判所は法廷地法により裁判すべきとする。こ
の見解に対しては，安易に外国法の適用を回避し，内国法を優先
する傾向を生むおそれが警告されている。

| 法内容の確定責任 |

外国法の内容が不明である場合，裁判所
は，準拠外国法に依拠する請求を理由が
ないものとして棄却すべきである，とする見解もある。この見解
においても，常に原告の請求が棄却されるのではなく，抗弁事由
に関して外国法が準拠法となり，その内容が不明である場合には，
抗弁に理由がないものとして裁判が行われる（請求が認容される）
べきものとされる。この見解に対しては，裁判所の職責を全うし
ないものであり，一種の裁判拒否になると批判されている。国内

法においても，慣習法の存否・内容が不明とされた場合，主張された慣習法が存在しないものとして裁判される。それが請求原因を根拠づけるものであれば，請求棄却となり，慣習法があることによって抗弁が立つものと主張された場合には請求が認容される。したがって，国内法か外国法であるかを問わず，法規内容が不明に帰した場合には，結果として，有利な法律効果を享受するはずであった側の当事者に不利な判決を出すことになろう。内外国法を等しく扱った結果である。導かれた結果の不当は，公序（法適用42条）により回避することが可能である。

# 5 上告可能性

わが国は三審制を採り，最終審たる上告審は法律審とされ，上告裁判所は，控訴裁判所が適法に確定した事実に拘束される（民訴321条）。ところで，最高裁への上告は，憲法違反や絶対的上告理由（同312条）がある場合に限り許され，憲法以外の単なる法令違反は上告理由とはならない。しかし，高等裁判所が上告裁判所となる場合には，「判決に影響を及ぼすことが明らかな法令の違反」が上告理由となり，「法令の解釈に関する重要な事項を含むものと認められる事件について」は，最高裁への上告受理申立ての理由となる（同312条・318条1項）。

**高裁上告・上告受理申立て**

準拠法たる外国法の解釈・適用を誤った場合には，判決に影響を及ぼす「法令違反」があることを理由として，高裁への上告または最高裁への上告受理申立てをすることができるであろ

うか。外国法も民訴法上「法令」に含まれるとすれば，肯定されることになる。ところで，上告審手続は，法の解釈・適用の統一を目的とするが，外国法の解釈・適用の統一を任務とするものではないとして，外国法の適用を誤った場合に，上告を認めない国もある（ドイツ，フランス）。これらの国においても，外国法適用の誤りが，国際私法の解釈・適用に起因する場合には，国内法の適用を誤ったものとして上告を認める。この立場をわが国に受容するならば，外国法の解釈・適用の誤り自体は法令違背を構成せず，判決の誤りがわが国の法適用通則法の解釈の誤りに基づく場合に限り法令違反を構成することになろう。しかし，わが国では，従来から通説は，国内法と同様に外国法の適用に誤りがあった場合にも，当然に上告理由となるものとしてきた。判例においても，外国法の適用問題であることを理由に上告を認めなかった例はみあたらない（韓国法の解釈の違背について上告を認めた例として最判平 9・2・25 家月 49 巻 7 号 56 頁がある）。

### 外国法の性質論

「法」と「事実」の区別自体についても見解の一致はなく，「外国法は法か，事実か」と抽象的な形で問題設定することは，生産的でない。証拠による立証（認識）可能性に法と事実の区別を求めたならば，外国法も事実とすることが可能であるが，抽象的命題である点において外国法は法規そのものである。また，外国法を事実と捉えたとしても，外国法の解釈・適用の誤りは，外国法の内容の確定方法の誤りに起因するものとして，ひいては自由心証主義や弁論主義等の民訴法の諸原則に対する違反に還元することが可能であり，これを理由として上告や上告受理申立ての道を開くことも可能である。実際にも，外国法の適用の誤りが明白かつ重大で，社会的

影響が大きいような場合に，これを放置することは望ましくない。しかし，反対に，外国法適用の誤りについても，国内法と同程度の上告審によるコントロールが必要であるとも思われない。中間的な解決が模索されることになる。

上告審との関係においては，外国法の解釈・適用について上告審，特に最高裁判所によるコントロールを必要とするのか，という視点が重要であり，これを考える際には，最高裁判所の役割・構成等が視野に入れられなければならない。

上告の制度目的　上告制度の目的の1つは，法令の解釈・適用の統一にある。外国法は，特定の訴訟当事者間の法律関係の基準となるのみならず，それが準拠法とされる限りにおいてではあるが，他の事件の当事者の法的地位に影響を及ぼす可能性を秘めている。特に国際化した現代社会において，外国法の適用の誤りが社会や国民に重大な影響を及ぼす場合もあろう。同時にまた，上告制度のもう1つの側面である当事者の権利保護の観点も欠かせない。したがって，外国法を単純に事実として扱い，高裁への上告や最高裁への上告受理申立ての道を閉ざすことは妥当でない。

しかし，外国法の解釈につき，わが国の最高裁判所が判断を示す必要のある場合，すなわち，法令の解釈に関する「重要な事項」を含む場合というのも自ずと限定されるであろう。

さらに，最高裁判所は，憲法の番人として，より重要な任務を背負わされている。上告理由の制限は，最高裁の負担を軽減し，本来の任務遂行を全うさせようとの趣旨にでる。最高裁判所の国法上の位置づけから眺めた場合にも，外国法の解釈・適用の誤りが上告または上告受理の理由と認められる事案は，一層制限され

るべきことになろう。

# *6* 性質論の意義

　外国法の抽象的性質論から演繹的に結論を導くことが妥当でないことは，以上に検討したところから明らかである。しかし，そこから直ちに，外国法の性質論が無益である，との結論を導くことも早計である。訴訟における外国法適用問題を解決するためには，外国法の法的性質論を前提としつつ，司法制度上の観点からの修正あるいは調整が検討されなければならない。

　　　　　手続構造　　　　　外国法が適用される場面は，訴訟事件のみならず，非訟事件でも多くみられる。また，訴訟の中にも，当事者の支配権が前面に押し出され，弁論主義の妥当する通常の民事事件と，第三者に対する影響に鑑みて当事者支配が後退し，職権探知主義の支配する手続がある。それぞれの手続ごとに指導理念が異なり，手続構造の相違は，裁判の結論を導く1つの資料としての外国法の手続上の取扱い方に反映されるべきであろう。

　いずれにせよ，性質論からの演繹的思考は通用せず，問題局面ごとに，手続構造に即した考察が必要とされよう。

【*Case*】① 中国企業Ｘは，日本企業Ｙとの間で締結した代理店契約から紛争を生じたため，中国裁判所でＹに対する損害賠償請求の訴えを起こし，請求認容の確定判決を取得した。この判決は日本でも効力を有するか。

② 米国カリフォルニア州法人Ｘは，かつて自社で研修を受けた日本人Ｙが日本で会社を設立し，Ｘの技術を不正に開示・使用しているとして訴えを提起し，同州裁判所は，Ｙ欠席のまま，Ｙに対して日本および米国での当該技術の不正な開示・使用の差止めと損害賠償を命じる判決を下した。この判決は日本で執行できるか。

## *1* 外国判決承認・執行の意義

外国判決承認・執行の
趣旨と法源

裁判は国家による司法権の行使にほかならないから，判決の効力はその国の領域内でのみ生じるのが原則であり，国際法上，国家は外国判決の効力を内国で認める義務を負わない。それにもかかわらず，大多数の国は，自国国内法や条約によって自主的にこれを行ってきたのであり，わが国もまた，一定要件を満たす外国判決につき，内国でその判決効を承認し，執行を許すこととしている（民訴118条，民執22条6号・24条）。

このような法政策的判断は，国際的レベルでの当事者の権利実現の促進，跛行的法律関係の発生防止，司法エネルギーの節約といった根拠に基づく。外国判決が内国で効力をもたないとすれば，外国で勝訴した当事者は内国で再訴するほかなく，訴訟審理が重複し，矛盾判決に至るおそれもあるからである。このような政策目的を実現するうえで最も効果的な手段は条約の締結であろう。そのためヨーロッパでは，ブリュッセルⅠ規則・ルガノ条約（→ *Column* ⑦）を中心とした国際的な承認・執行のネットワーク作りが，半世紀以上にわたって営々と進められてきた。ハーグ国際私法会議においても，判決の相互的承認・執行を目的とした条約が作成されているが，わが国においては，船舶油濁損害賠償保障法12条など一部の例外を除き，この問題に関する条約上の規整は見られない。

### *Column* ㉕　ハーグ判決条約

ハーグ国際私法会議は，1971年に「民事及び商事に関する外国判決の承認及び執行に関する条約」を作成したが，これは締約国間での補足的合意を要求するといった点に問題があり，わずかな加盟国を得たにすぎない。その後，同会議は国際裁判管轄と外国判決承認・執行に関する条約の作成を試みたが，とりわけ管轄規則について合意形成は難航し，対象を管轄合意とそれに基づく判決の承認・執行に絞って2005年に条約が成立した（→*Column* ⑭）。

これらの経験を踏まえて，同会議が2019年に作成した「民事又は商事に関する外国判決の承認及び執行に関する条約」（ハーグ判決条約：未発効）は，5条・6条で間接管轄（→3①）の基準を列挙したうえで，7条において，被告への手続開始通知の欠如，判決の詐取，公序違反，管轄合意違反，判決国やそこで承認される先行判決との抵触といった承認・執行拒絶事由を定めている。

外国判決の承認とは，外国判決が言渡国で有する既判力や形成力を内国で認めることをいう。判決効の内容や範囲は原則として判決国法によって定まる（効力拡張説）。承認のための特別な手続は必要なく，外国判決が言渡国で効力を生じ，民訴法118条の承認要件を具備したときは，わが国においても当然に効力が認められる（自動的承認の原則）。ただし，確認の利益があれば，外国判決承認ないし不承認の訴え（外国判決無効確認の訴え）を起こすことも妨げられない。承認要件の審査は，判決主文に限らず理由や事実にも及ぶが，実体審理のやり直しにならないよう，当該外国判決における法適用や事実認定の当否を審査することは禁じられる（実質再審査[révision au fond]禁止原則：民執24条4項）。

　これに対して執行力は，判決内容の強制的実現を判決国執行機関に命じるものであるから，これをそのまま承認することはできず，内国において，承認要件の充足を審査したうえで，改めて付与しなければならない（効力付与説）。承認要件具備の判断を執行機関に任せるのは適当でないため，裁判所が執行判決によってこれを行う（民執22条6号・24条）。

　承認・執行されない外国判決であっても，それを内国訴訟で証拠方法として用いることは妨げられない。

承認の対象となる判決効

　**(1) 既判力・形成力**　承認されるべき判決効の中核となるのは，同一事件について再度の審理を遮断する効力（既判力），離婚のような実体法律関係の変動をもたらす効力（形成力）である。通説（効力拡張説）は，判決国法上の効力が内国に拡張すると見るので，その主観的・客観的範囲は原則として判決国法

によって定まることになる。

*Column* ㉖　承認される既判力の範囲----------------------------------

　効力拡張説の立場においては，判決国法上の効力範囲が内国法より広い場合（例えば米国法上の争点排除効<sup>コラテラル・エストッペル</sup>のように理由中の判断に既判力が及ぶ場合）や，その逆の場合の対応が問題となる。この見解は，効力範囲に著しい違いがある場合や，強度の異質性が認められる判決効については，内国権利保護制度の根幹に触れるおそれがあるとして，公序による調整の余地を認めるが，その具体的内容は明らかでない。承認された外国判決は同種の内国判決と同じ範囲で効力をもつとの見解（等置説）が主張されるのも，このような不明確性を嫌ってのことであろうが，最近のわが国学説は，基本的には効力拡張説をとりながら，承認可能な判決効の範囲を明確化する方向に向かいつつある。例えば，争点排除効のように，判決国法上の効力範囲が内国より広い場合，一律にこれを内国法が認める限度にまで縮減するのではなく，前訴で当事者の手続保障が確保されている限りにおいて承認可能と見るものが多い。判決国法上の効力範囲が内国より狭い場合についても，紛争の一回的解決（蒸し返し防止）という観点から，場合によっては内国法が認める範囲まで効力を拡張してよいとする見解もあるが，これについては，当事者は判決国法上既判力が及ぶ範囲を意識しながら訴訟を追行するので，事後的に承認国の視点から既判力を広げるのは不意打ちになるとの批判がある。

--------------------------------------------------------------------

(2)　執行力　　執行力については，既判力と同様に効力の拡張と理解する見解もあるが，通説はこれを内国における内国法上の執行力の付与と捉え，判決国法上の執行力は承認の対象にならないという。もっとも，前説の立場では，判決国の執行力と執行国のそれとの間にずれがあれば調整が問題となるし，後説の立場でも，判決国法上，どの範囲に執行力が及ぶかを考慮する必要はありえようから，結局，これらは理念的な説明の違いにとどまり，

具体的問題の解決をそこから導き出すことは難しい。

(3) 法律要件的効力　民法169条は，「確定判決又は確定判決と同一の効力を有するものによって確定した権利」について，短期消滅時効期間の延長を認めている。このように，判決の存在が一定の実体法的効果をもたらす場合のことを，判決の法律要件（構成要件）的効力と呼ぶが，これは，当該実体法律関係を規律する準拠法（例えば契約債権の時効消滅であれば契約準拠法）の適用問題にほかならない。したがって，準拠法が，既判力を伴わない判決にも実体法的効果を認めるのであれば，外国判決の承認可能性は問題にしなくてよいが，民法169条のように，既判力を伴って権利が確定されたことを要求するのであれば，外国判決はわが国で承認要件を満たす必要があると思われる。

## 2　承認の対象となる外国判決（承認適格性）

「外国裁判所」の判決　承認の対象となるのは「外国裁判所の確定判決」である（民訴118条柱書）。「外国」とはわが国以外の国または地域をさす。裁判は主権に基づく国家行為としての性質をもつことから，ここでいう外国はわが国が国際法上承認した国家に限られるとの見解もある。しかし，当事者の権利保護という視点から外国判決承認制度を基礎づける以上，未承認国判決を承認の対象から除く理由はない。もっとも，未承認国との関係では，国交がないために外交的経路を通じた送達の嘱託ができず，公示送達（→3②）によらざるを得ないという問題がある。

国際司法裁判所や国際海洋法裁判所のような国際裁判所は，国家間の紛争を国際法に照らして判断するものであるから，ここでいう裁判所に該当しない。

## 判決の「確定」

承認の対象となる外国判決は，判決国法上，控訴や上告といった通常の不服申立てが可能なものであってはならない。その根拠は，承認については，わが国民訴法が既判力の発生を判決確定に結びつけること，執行については，内国での執行後に判決国で判決が覆された場合の原状回復の困難に求められる。同じ考慮から，終局性を欠く保全命令の執行も否定される（通説・判例）。これによれば，本案訴訟と保全訴訟が分裂し，国家間で債権者の迅速な満足を図ることが難しくなるため，条約においては，ブリュッセルⅠ規則のように，外国の未確定裁判や保全命令の執行を認める例も少なくない（→第 10 章 **4**）。

## 外国裁判所の「判決」

（1） 総説　　承認の対象となる「判決」とは，決定，命令など，その名称，手続や形式を問わず，外国裁判所が私法上の法律関係について終局的にした裁判をいう。それは，判決国において有効なものであり，承認の対象となる効力をもつものでなければならない。訴訟費用裁判もここでいう「判決」に含まれうるが（最判平 10・4・28 民集 52 巻 3 号 853 頁），承認要件の審査は原則として本案判決に従属する。外国裁判所による破産手続開始決定は，本条による承認の対象とならず，特別法の規律に服する（→第 11 章）。

外国裁判所における請求の放棄・認諾や公正証書などは，ここでいう判決に該当しない。裁判上の和解も同様であるが，これについては，民訴法 267 条が「確定判決と同一の効力」を認めるこ

と，同意判決の承認が許されることとのバランスなどから，承認適格性を認める見解もある。条約上は，公正証書や裁判上の和解を承認・執行の対象に含める例も多く，将来的に望ましい方向性とはいえようが，裁判上の和解に既判力を認めることに国際的なコンセンサスがあるわけではなく，わが国民訴法の解釈上も，手続保障と既判力の相関関係を重視して既判力を否定する見方が根強いことを考えれば，現在の解釈論として承認適格性を認めることは難しいように思われる。

(2) 民事判決性　国によっては，刑事裁判手続に附帯して損害賠償を求めること（附帯私訴）が許されるが，民事の損害賠償請求権に関する判断である限り，このような裁判も承認の対象となりえよう。判例・多数説によると，懲罰的損害賠償を命じる外国判決もここでいう「判決」に該当する（→**3** ③）。米国裁判所が，訴訟追行に不熱心な当事者に対して下す懈怠判決（Default Judgment）も同様である（水戸地龍ヶ崎支判平 11・10・29 判タ 1034 号 270 頁）。

(3) 部分的承認　承認・執行の対象は外国判決全体である必要はなく，その分割可能な一部であってもよい。例えば懲罰賠償判決は，塡補賠償を超えて賠償を命じる部分についてのみ，公序違反として承認・執行が拒絶される（→**3** ③）。

　外国判決中に記載のない利息債務については，外国訴訟で手続保障を欠くおそれがあるとして，承認の対象に含めることに消極的な見方もないではない。しかし，わが国のようにこれを判決中に記載するか，英米法系の国のように法律の規定により直接に執行の対象とするかは，法技術的な相違にすぎないとすれば，実質的見地から，判決国法が認める利息をも承認・執行の対象とすべ

きであろう（最判平 9・7・11 民集 51 巻 6 号 2530 頁，前掲最判平
10・4・28）。

(4) 人事訴訟事件・家事事件 離婚や婚姻無効確認，嫡出
否認といった人事訴訟事件（人訴 2 条参照）に関して外国裁判所
が下した確定判決は，民訴法 118 条の適用対象となる。そのため
平成 30 年の改正人訴法は，外国判決の承認につき特別な定めを
おいていない。これに対して，親権者・監護権者の指定や養子縁
組許可といった家事事件（家事 1 条，同別表参照）に関する確定
した外国裁判には，「その性質に反しない限り」民訴法 118 条の
規定が準用される（家事 79 条の 2）（→第 13 章 *3*）。

## *3* 承 認 の 要 件

### ① 外国裁判所の裁判権（1 号）

> 裁 判 権

裁判を行う正当な権限を欠く国の裁判手
続に，被告は応じる義務を負わない。そ
れにもかかわらず裁判が行われた場合には，内国への判決効の拡
張を阻むことによって，被告の手続権を事後的に保障する必要が
ある。民訴法 118 条 1 号が，「法令又は条約により外国裁判所の
裁判権が認められること」を承認要件とするのは，この趣旨に基
づく。

まず，裁判を行う正当な権限は，一般国際法上認められなけれ
ばならない（→第 2 章 *1*）。裁判権を欠くために外国判決が判決国
法上効力をもたなければ，わが国における承認はそもそも問題に
ならないが，判決効の発生が認められる場合でも，本号によって

その承認は拒絶される。

間接管轄

民訴法 118 条 1 号にいう「裁判権」は、判決国の国際裁判管轄（間接管轄または承認管轄→第 3 章 1 ②）を含む。これは、国際裁判管轄の規律が各国国内法に委ねられる結果、事案と十分な関連性をもたない国が管轄権を行使しうること（いわゆる過剰管轄）を考慮し、そこで不利な判決を受けた被告の手続的保護を図るとともに、専属管轄事件につき内国がもつ利益を守るための要件である。この趣旨からすると、間接管轄の有無は、承認国であるわが国の基準に照らして判断されなければならない。

間接管轄と直接管轄の関係

間接管轄の判断が承認国基準によるとしても、その具体的内容については 2 つの考え方がありうる。多数説は、直接管轄と間接管轄は同一問題を異なる方向から見たものにすぎず、表裏一体の関係に立つから、両者の判断基準は鏡に映した像のように同一であり、間接管轄の有無は直接管轄の基準によって判断されるという（鏡像原則：Spiegelbildprinzip）。ドイツの通説であり、その根拠とされるのは、①管轄規則は被告の応訴義務の範囲を画するから、法廷地が内国か外国かで区別すべきでないこと、②間接管轄判断の明確性・予見可能性である。

これに対して、間接管轄は直接管轄とは違い、外国ですでに終了した手続に対する事後的評価に関わるものであって、跛行的法律関係の発生防止という要請がより強まることから、直接管轄よりも緩やかな基準で判断すべきである、との考え方（独自基準説）も根強い。英国やフランスに同様の考え方が見られるほか、わが国学説上も同様の立場をとるものが少なくない。判例は、「当該

外国判決を我が国が承認するのが適当か否かという観点から，条理に照らして判決国に国際裁判管轄が存在するか否かを判断」するとしており（前掲最判平10・4・28，後掲最判平26・4・24），独自基準説に立つ見解は，これが間接管轄につき独自基準による余地を認めたものと理解している。

> 判　例　　アナスタシア事件（最判平26・4・24民集68巻4号329頁）
>
> 　眉毛トリートメントの独自技術をもつ米国法人Xは，日本法人Aとの契約に基づき，Aの従業員Y₁Y₂にXの米国施設で当該技術を学ばせたが，日本への帰国後，Yらは独立してY₃会社を設立し，サロンや技術指導教室を開設した。Xは，これが不法行為にあたるとして米国裁判所で訴えを提起したが，Yらは応訴せず，損害の賠償，日本・米国における本件技術の使用差止め等をYらに命じる判決が確定した。Xが日本で開始した執行判決付与請求訴訟において，1・2審は米国に間接管轄がないとして請求を棄却したが，最高裁は次の理由から原審への差戻しを命じた。
>
> 　間接管轄の有無は，「基本的に我が国の民訴法の定める国際裁判管轄に関する規定に準拠しつつ，個々の事案における具体的事情に即して，外国裁判所の判決を我が国が承認するのが適当か否かという観点から，条理に照らして判断すべき」である。
>
> 　差止請求は民訴法3条の3第8号の「不法行為に関する訴え」に含まれ，その場合の不法行為地は「違法行為が行われるおそれのある地や，権利利益を侵害されるおそれのある地をも含む」。
>
> 　不法行為に基づく損害賠償請求訴訟の場合，「被告が日本国内でした行為により原告の権利利益について損害が生じたか，被告がした行為により原告の権利利益について日本国内で損害が生じたとの客観的事実関係が証明されれば足り」，差止請求の場合，「被告が原告の権利利益を侵害する行為を判決国内で行うおそれがあるか，原告の権利利益が判決国内で侵害されるおそれがあるとの客観的事実

関係が証明されれば足りる」。

いずれにせよ，財産関係事件については民訴法3条の2以下，身分関係事件については人訴法3条の2以下および家事事件手続法3条の2以下に明文規定がおかれた現在，間接管轄の判断が基本的にこれらの規定によることに疑いはない。仮に独自判断の余地を認めるとしても，それは「特別の事情」判断（民訴3条の9，人訴3条の2第7号・3条の5，家事3条の14）に影響を及ぼす程度にとどまるように思われる。

間接管轄の審査 1号要件の趣旨を被告保護に純化して捉えるとともに，外国判決承認・執行の可及的な容易化・迅速化をめざす立場からは，専属管轄違背を除き，間接管轄の審査を被告の援用にかからせる考え方が主張されるが，通説は，間接管轄要件は直接管轄や公序要件，相互保証要件と同じく公益に関わると見て，これを職権調査の対象としている。

## ② 手続開始の通知（2号）

送達要件の趣旨 手続開始の通知が適正に行われなかったため，被告が外国訴訟手続に関与できなかった場合には，その結果として下される敗訴判決の承認を拒むことにより，被告の手続的保護を図らなければならない。そのため民訴法118条2号は，承認要件として，敗訴被告が訴訟開始に必要な呼出し・命令の送達を受けたことを要求している。手続開始の通知は被告の防御権保障に直結するから，3号にいう訴訟手続に関する公序（→③）の中核的部分となりうるが，2号はとくにこれについて明示の定めをおいたものである。

「送達」の意義　本号にいう送達は，①判決国法上，適法
な方式によったものであり（適式性），
かつ，②被告が送達内容を了解して適時に防御できるものでなけ
ればならない（適時性または了解可能性）。

　送達の方式は国によって異なる。わが国は職権送達主義をとる
が，英米のように当事者送達主義をとる国では，訴状を被告に直
接交付したり（直接交付送達），郵送したりする方法（直接郵便送
達）も認められる。しかも，訴状送達は法廷地国が裁判権に基づ
いて行う命令行為という性質をもつため，外国での実施にはその
国の協力が必要となる。このような実務的障害を克服するため，
送達条約（→第6章 *3*）は，嘱託国当局から受託国中央当局への
要請による送達，派遣国領事官による送達などいくつかの送達方
法を定め，締約国間ではこれによって送達を行うこととした。そ
のため，条約上の方式を遵守しない送達によって開始された外国
訴訟で下された判決は，2号要件を充足しない（前掲最判平10・
4・28〔香港での直接交付送達〕）。

　直接郵便送達について，送達条約10条(a)は，「名あて国が拒否
を宣言しない限り」妨げられないとする。日本はこの拒否宣言を
してこなかったため，外国からの直接郵便送達を適法と認める条
約上の義務を負うのではないかとの疑いを生じ，議論を呼んでき
たが，2018年末に拒否宣言を行い，問題は解消された。

　また，2号にいう送達は，「被告が現実に訴訟手続の開始を了
知することができ，かつ，その防御権の行使に支障のないもので
なければならない」（前掲最判平10・4・28）。送達条約等の司法共
助手続では一般に翻訳文の添付が求められるため，明確性や画一
的処理の必要性から，翻訳文のない訴状送達は2号要件を充足し

ないという見方もある（東京地八王子支判平9・12・8判タ976号235頁）。しかし，被告の防御権保障という趣旨に照らせば，使用言語や送達受領者の語学能力といった個別事件ごとの事情を考慮した上での判断が求められよう。

公示送達に類する送達の除外

公示送達とは，裁判所掲示板などの公の場所に訴状や呼出状を掲示して，訴訟開始を知らせたものと擬制する通知方法であり（民訴111条参照），被告の所在が知れない場合に訴訟を開始するための手段として，各国法は一般にこれに類した送達方法を認めている。外国訴訟手続がこの種の送達によって開始された場合，仮にそれが法廷地国では適法な送達であっても，被告が実際にそれを目にして防御機会を得る可能性は極めて乏しいから，法は，このような送達では承認要件を満たさないこととした。「書留郵便等に付する送達」（同107条）のように，名宛人への文書到達を問題とせず，発送によって送達があったとみなす送達方法も公示送達に準じて扱う見解が多い。他方，外国にある被告に対する公示送達はわが国訴訟法上も禁じられないほか（同110条1項3号参照），被告が判決国内に居住していたような場合を考えると，公示送達によった外国判決の承認を一律に否定するのは立法論的に問題ではないか，との指摘もある。

被告の応訴による2号要件の充足

外国訴訟への被告の応訴は，被告が手続開始を知って防御権を行使したことを示すから，もはや内国で承認を否定する理由はない。そのため2号後段は，敗訴被告が送達を「受けなかったが応訴したこと」を承認要件としている。

被告の応訴による管轄権の発生を認めるためには，「無管轄の

抗弁を提出せずにした本案についての応訴」であることが要求され，単なる手続問題に関する主張では足りないとされる（→第3章2⑭）。これに対して本号にいう応訴は，被告が防御機会を得て防御権を行使したことを示すものであればよいので，管轄違いの抗弁を提出した場合をも含む（前掲最判平10・4・28）。

| 2号要件の審査 | 訴訟開始の通知または応訴があったことは，被告保護のための要件であるから， |

被告からの抗弁により，判決の承認を求める者が立証すべきである。

### ③ 公序（3号）

| 公序要件の趣旨 | 各国の司法制度や法観念になお少なからぬ違いがある現状では，外国判決の内容 |

や成立手続が日本のそれと大きく異なるということも，当然予測しておかなければならない。外国判決の承認・執行を許すという政策判断をとる以上，それはある程度まで織込み済みではあるが，わが国の考え方との隔たりが著しい場合，外国判決の承認・執行を拒むことによって，内国法秩序の安定を守るための安全弁も必要になる。その役割を果たすのが公序要件であり，「判決の内容」および「訴訟手続」が日本の公序良俗に反する場合，外国判決は承認されない。

前者（実体的公序）は，外国判決の承認によって，内国の実体法秩序の根幹が脅かされないことを保障する。国際私法は，外国法を適用するについて，その適用結果が内国公序に反しないことを求めるが（法適用42条），実体的公序要件は，外国判決承認という局面で，同様の視点から，内国規範秩序の維持を図るものと

いえよう。これに対して後者（手続的公序）は，外国判決の成立
過程において，被告の防御権保障や裁判官の独立・公正といった
点で，わが国の手続法的基本原則と相容れない手続が行われた場
合に，承認を拒絶することにより，当事者の事後的な手続権保護
を図る。これが公序要件に含まれることは，旧民訴法200条の文
言上は明らかでなかったが，判例・学説は一致して認めており
（最判昭58・6・7民集37巻5号611頁），平成8年の民訴法改正で
明文化された。

公序要件の審査　判決内容の公序違反性を審査するにあた
っては，①外国判決を承認・執行した場
合に内国でもたらされる結果の異常性・重大性，②事案と内国と
の関連性の強さ，の両者を衡量することが求められる。これは，
国際私法上の公序審査と歩調を合わせたものであるが，訴訟手続
の公序違反性を判断するにあたっては，②の判断の重要性は相対
的に低下する。

　判決国訴訟で手続保障に欠けるところがあっても，当該国で不
服申立ての可能性があり，合理的な理由なくそれが尽くされてい
なければ，内国で手続的公序違反を問うことはできない。

　公序違反の有無は職権調査事項であり，判決主文に限らず，理
由中の判断や審理で提出された証拠資料（東京高判平5・11・15
家月46巻6号47頁）なども審査の対象となりうる。例えば，判
決主文は単に金銭給付を命じるものでも，それが麻薬取引や人身
売買契約に基づくときは，公序違反と評価される余地があろう。
外国判決の理由や成立手続に立ち入って内容的審査を行うことは，
実質的再審査禁止の原則（→1）に触れるのではないかとの疑い
を生じるが，これは，当事者の権利義務関係について審理のやり

直しを行うものではないから，同法理に抵触するわけではない。

<u>公序審査の時点</u>　外国判決確定後の事情を公序審査に反映できるか。具体的には，一方の親に子の監護権を与える外国裁判の確定後，他方の親に監護権を認めるべき事情が生じた場合や，扶養料支払判決後に前提となっていた当事者の生活関係に大きな変更があった場合に，これが問題になった。裁判例（前掲東京高判平5・11・15，東京高判平13・2・8判タ1059号232頁）および多数説は，このような事情を公序審査に反映してよいという。これに対して反対説は，外国判決は確定と同時に内国で自動承認されるから，その後に生じた事由は公序審査に影響を及ぼすものではなく，別途請求異議の訴えによって主張しなければならないと説く。しかし，実体的公序要件は，外国判決の承認によって内国法秩序の根幹が脅かされないことを保障するものであるから，その判断基準や前提事実は，承認が問題となる時点を基準にすべきであるように思われる（→第13章3 ②も参照）。

<u>懲罰賠償を命じる外国判決</u>　実損賠償を建前とするわが国の不法行為法とは異なり，英米法系に属する国の多くは，加害者への制裁としての損害賠償（懲罰的損害賠償：punitive damages）を認めている。当事者の不誠実な行動を理由に訴訟費用負担を命じる判決は，懲罰的性格をもつとしても日本の公序に反するとは言い難いが（前掲最判平10・4・28），とりわけ米国においては，不法行為の抑止，被害者が支払う高額な弁護士費用を塡補する必要性，私人による法執行の奨励といった見地から，実損額の数倍に及ぶ高額な懲罰賠償が命じられることがあり，その内国での効力が問題とされてきた。

学説の一部は，懲罰賠償の本質は制裁や秩序維持といった刑事法上の目的にあり，それを命じる外国判決を日本で承認・執行すれば域外的な公権力行使につながるとして，その承認適格性（→2）を認めない（非民事判決説）。これに対して多数説は，懲罰賠償判決も，私人間での私法上の紛争について民事裁判手続で下された判決である以上，民訴法118条による承認の対象となるが，その制度的異質性や賠償額の過大さから，承認・執行はわが国の公序に反するという。第1章【*Case*】④の事例につき，最高裁（萬世工業事件：最判平9・7・11民集51巻6号2573頁）もこの立場をとり，次のように述べた。

　すなわち，カリフォルニア州の懲罰賠償制度は，「加害者に対する制裁及び一般予防を本来的な目的とする」が，「我が国の不法行為に基づく損害賠償制度は，被害者に生じた現実の損害を金銭的に評価し，加害者にこれを賠償させることにより，被害者が被った不利益を補てんして，不法行為がなかったときの状態に回復させることを目的とする」から，両者は「本質的に異なる」。したがって，「本件外国判決のうち，補償的損害賠償及び訴訟費用に加えて，見せしめと制裁のために被告に対し懲罰的損害賠償としての金員の支払を命じた部分は，我が国の公の秩序に反するから，その効力を有しない」と。最判令和3年5月25日（民集75巻6号2935頁）もこの考え方を踏襲している。

　もっとも，最近の米国判例や州立法は過大な懲罰賠償の支払命令を抑制する傾向を示し，米国以外の国においては，一定範囲で懲罰賠償制度や外国懲罰賠償判決を受容する動きが広がっている。このような状況変化に照らすと，今後はわが国においても，賠償額やその目的を考慮した上で，外国懲罰賠償判決に承認・執行の

余地を認めるべきことになろう。

その他の具体例 最決平成 19 年 3 月 23 日（民集 61 巻 2 号
619 頁）は，いわゆる「借り腹」型代理
出産で生まれた子について，依頼者（卵子・精子提供者）である
日本人夫婦を法律上の親とするネバダ州裁判所判決は，分娩者を
母とするわが国身分法秩序の基本原則と相いれないため，承認で
きないとした。また，詐欺的手段（婚姻受理証明書の偽造）によ
って取得された外国判決（横浜地判平元・3・24 判時 1332 号 109 頁，
東京高判平 2・2・27 判時 1344 号 139 頁），同一事件につき内国確
定判決があるにもかかわらず外国裁判所が下した判決（→第 4 章
**2「内外判決の抵触」**）の承認は，公序に反する。他方，わが国は
弁護士費用の敗訴者負担という考え方をとらないが，外国判決が
これを命じたとしても，公序に反するということはできない（東
京地判平 10・2・24 判時 1657 号 79 頁）。

　最判平成 31 年 1 月 18 日（民集 73 巻 1 号 1 頁）においては，米
国裁判所の欠席判決が誤った被告住所に送達されたことが，被告
の不服申立権の侵害になるかが争われた。手続的公序違反を認め
た原審判決に対し，最高裁は，判決書の送達がないというだけで
公序違反を認めるべきではなく，外国訴訟手続で「判決の内容を
了知させることが可能であったにもかかわらず，実際には訴訟当
事者にこれが了知されず又は了知する機会も実質的に与えられな
かったことにより，不服申立ての機会が与えられないまま当該外
国判決が確定した」ことが必要であるという。

## ④ 相互の保証（4号）

相互保証要件の趣旨・審査

相互の保証とは，判決国が，わが国裁判所が下す同種の判決を，民訴法 118 条と「重要な点で異ならない要件の下に」承認することをいう（前掲最判昭 58・6・7，前掲最判平 10・4・28）。何が「重要な点」かは，外国判決承認制度の趣旨に照らして判断される。例えば，実質的再審査を許す国（東京地判昭 35・7・20 下民集 11 巻 7 号 1522 頁〔ベルギー旧法〕）との間で相互の保証は認められない。また，大阪高判平成 15 年 4 月 9 日（判時 1841 号 111 頁），東京高判平成 27 年 11 月 25 日（LEX/DB 25541803）は，中国法上，外国判決の承認には，判決の相互承認を定めた条約があるか互恵関係（相互に判決を承認し合う関係）の存在が求められるが，日中間にそのような条約はなく，中国の先例は日本との互恵関係を否定しているとして，4 号要件の充足を否定した。

相互保証の有無は裁判所の職権調査に服する。判決国との間で，一般的には相互保証が認められないが，承認が求められる判決と同種の判決について肯定できるときは，その限りで相互保証を認めてよい。

*Column* ㉗　**相互保証要件の必要性**----------------------------------

相互保証要件の元来の目的は，国家の対等性という国際法上の原則に加えて，外国判決の承認を制度的に認めない国に対して承認を拒むことにより，内国判決を承認させるよう間接的圧力を加える点にあったと考えられる。しかし，国家間の問題としてこの要件を基礎づけることは，私人の権利保護という観点から外国判決承認制度を理解すること（→1）と整合しない。一方的な外国判決承認が判

決国主権への屈服を意味するわけではなく，この要件が他国の法改正や条約締結への動機づけになるかどうかも不確実であるうえ，国際的な権利実現の促進や跛行的法律関係の発生防止といった観点からすれば，相互の保証を求めることなく外国判決を承認した方がよいと考えられるからである。この要件の廃止が立法論的に強く主張されてきたのは，このような事情に基づく。他方，国際的には，外国判決の承認に消極的な国もないではなく，そこには外国訴訟で被告となる内国民を保護するという政策判断も窺える。そうだとすれば，少なくとも財産関係事件については，内外当事者の対等性確保という視点から相互保証要件を基礎づけることも不可能ではない。もっとも，身分関係事件については，当事者の対等性よりも，外国判決承認の拡大による私人の権利保護が強く求められるため，相互保証を要求することは正当化できない。このような観点からすると，人訴法・家事事件手続法の平成30年改正に際して相互保証要件の不要性が明記されなかったのは問題であり（→*Column* ㉔），今後は解釈による制限が課題になる。例えば，二当事者対立構造をとらない外国家事手続で下された裁判の承認に相互保証を要求することは「その性質に反」する（家事79条の2），といった解釈が考えられよう。

# *4* 外国判決の執行手続

執行判決の必要性　承認要件を備えた外国判決はわが国で自動承認されるが（→*1*），内国執行機関を用いてその内容を強制的に実現するについては，承認要件具備の判断に慎重を期するため，これを執行機関に任せるのではなく，

裁判所が執行判決によって行うこととしている（民執22条6号・24条）。登記・登録など，広い意味での執行が問題となる場合にも執行判決が求められるが，外国離婚判決に基づく離婚の報告的届出は，承認要件の不備が明らかでない限り受理する扱いとなっている。

執行判決が確定すれば，外国判決はこれと合体して債務名義になる。執行判決には仮執行宣言を付することができ，執行判決の主文では外国判決による執行を許す旨が宣言される（民執24条6項）。

*Column* ㉘　**強制執行と国際裁判管轄**--------------------------------------

強制執行は，国家がその主権に基づいて債務者財産に介入し，債権の強制的実現を図るものであるから，その対象となる財産が執行国主権の及ぶ範囲内にあることを原則とする。したがって，不動産執行，船舶執行，動産執行の場合には，これらの対象がわが国領域内に所在していなければならない。他方，債権差押命令は，第三債務者に債務者への弁済を禁じることを本質的内容とし，命令が第三債務者に送達された時に効力を生じるという特徴をもつほか（民執145条1項・5項），債権の所在地が観念的なものであるために，とりわけ第三債務者が外国に所在する場合，命令を発布できるかが問題となる。

従来の学説は，一般に債権の「所在地」（民執144条2項，破5条2項）を基準として，第三債務者を被告とする裁判上の請求が可能な（つまり第三債務者の普通裁判籍ないしは特別裁判籍がわが国にある）場合には，債権は内国に所在するといえるから，わが国裁判所は差押命令を発布できるという。この見解は，債権差押命令の実効性（無益執行の禁止）を重視するものであるが，その背後には，外国所在債権に対する差押命令の発布・送達は，外国における内国主権の発動に等しく，国際法上許されない，との見方があるように思われる。

しかしながら，債権所在地の理解については国際的にも国内的にも統一的ルールはなく，第三債務者の住所地を債権所在地と見るのは擬制にほかならない。また，命令の発布自体は内国で完結し，その効力の承認や送達の実施は外国の態度いかんに委ねられるので，そこで内国公権力の行使が現実化するとはいえないし，実効性が全くないと断定することもできない。そうだとすれば，第三債務者が外国にある場合，当該債権を一律に執行の対象外とすべきではなく，民執法144条1項の類推により，執行債務者がわが国に普通裁判籍を有しておれば，原則としてわが国に債権差押命令の国際裁判管轄を認めてよいであろう。同様の考え方により，第三債務者と内国との牽連性を検討した上で，「特段の事情」がないとして国際裁判管轄を認めた判決がある（大阪高決平10・6・10金法1539号64頁）。

---

**執行判決訴訟の性質**　執行判決訴訟の性質については，外国判決が言渡国でもつ効力を内国で確認する手続と捉える見解（確認訴訟説），外国判決に内国での執行力を形成的に付与する手続と見る見解（形成訴訟説）が対立する。前説は効力拡張説，後説は効力付与説の考え方に親和性をもつ（→*1*）。

外国判決を内国で執行するについて，必要的口頭弁論を伴う判決手続によらせることは立法論的に問題である。従来，同じく判決手続によっていた外国仲裁判断の執行は，手続の簡易・迅速化という見地から，決定手続に改められた（仲裁46条，令5法53改正後の48条）。

**内国における給付訴訟の提起**　外国で確定判決を得た当事者が，それと同一原因に基づく訴えを内国裁判所で提起することは許されるか。外国確認判決・形成判決については，内国での再訴は訴えの利益を欠くと考えられるが，外国給付判決については争いがある。執行判決手続

がある以上，このような給付訴訟を許す必要はないとの考え方も
あるが，執行判決手続が常に給付訴訟より簡易・迅速とはいえず，
給付訴訟でも承認要件審査が行われるとすれば，あえてこのよう
な訴えを不適法と見る必要はない。

| 執行判決訴訟の審理 | 執行判決訴訟では，外国判決が承認要件
を充たすかどうかが審査される。実質的
再審査禁止の原則から，外国判決の当否を調査することはできな
い（民執24条4項）。審理の結果，外国判決の確定が証明されな
いときは執行判決を求める訴えは却下され，承認要件を欠くとき
は請求は棄却される（ただし，民執法24条5項の文言はいずれも却
下とする）。

　外国判決に対して日本で執行力を認めるかどうかは公益に関わ
る問題なので，被告の認諾は許されず，執行判決を不要とする当
事者間の合意も無効である。承認要件の存否に関する被告の自白
も，原則として裁判所を拘束しない。ただし，専属管轄を除く間
接管轄および送達要件については，前者は応訴管轄に準じて考え
られること，後者は専ら被告保護の要件であることから，自白の
拘束力を認めてよいとする見解がある。

*Column* ㉙　ヨーロッパ債務名義創設規則--------------------------------

　当事者間で争いのない債権であっても，その執行には時間のかか
る承認要件審査が伴う。これが域内市場における経済活動の障害に
なっているとの認識から，「争いのない債権に関するヨーロッパ債
務名義の創設に関する2004年4月21日の欧州議会及び理事会の規
則」は，このような債権に基づく執行について承認要件審査を廃止
し，域内での執行手続の簡素化・迅速化を図った。本規則によると，
「争いのない債権に関する裁判」は，言渡国で執行可能であること，
ブリュッセルⅠ規則の定める管轄規則に反しないこと等の条件を満

たし，言渡裁判所で「ヨーロッパ債務名義」(European Enforcement Order) として認証されることにより，「他の加盟国において，執行宣言を要することなく，かつ承認に異議を申し立てる可能性なしに」承認・執行される（5条）。作成国において執行可能な裁判上の和解や公正証書も認証の対象となる（24条・25条）。他方，ブリュッセルI規則に基づく承認・執行の可能性は排除されず（27条），そのいずれによるかは申立人の選択に委ねられる。

【*Case*】① 日本企業X社は，A国企業Y社との間で代理店契約を締結した。契約中には日本を管轄地とする合意管轄条項があり，Xは，Yの契約不履行を理由として，日本でYに対する損害賠償請求の訴えを提起するとともに，同じ裁判所において，YのA国所在資産の仮差押えを申し立てた。

②(i) 日本企業Y社は，A国企業X社との間で売買契約を締結した。契約中には，B国を管轄地とする合意管轄条項があったが，Xは，Yの債務不履行を理由としてB国で損害賠償請求の訴えを提起するに先立って，Yの本社がある東京の裁判所において，財産の仮差押えを申し立てた。

(ii) Xは，B国裁判所において，Yの日本所在資産に対する仮差押えを申し立て，仮差押命令を取得するとともに，その執行を日本で求めた。

# *1* 国際民事保全の意義

国際民事保全の意義と
問題点

訴訟や仲裁による国際民商事紛争の解決には，様々な不安定要素が伴う。そこでは，準拠法や国際裁判管轄の決定，仲裁合意の有効性判断などが問題となりうるし，外国での送達や証拠調べが必要となることも少なくない。そのため，国際民事訴訟や国際仲裁には時間がかかることになるが，このことは，勝訴の見

込みが薄い当事者に，執行逃れのための財産処分を許す契機ともなりうる。とりわけ，このような財産処分が国境を越えたところで行われる場合，将来下されるべき判決や仲裁判断の強制的実現が難しくなるのは当然といえよう。執行財産の保全にとどまらず，労働仮処分のように，債権者に暫定的満足を与える仮処分も重要であり，渉外事件の場合，適時に必要かつ実効的な保全措置を講じておくことの必要性は，国内事件の場合以上に大きいといわなければならない。迅速で実効的な権利保護の実現は国際民事手続法全体に課せられた重要課題であるが，そのなかで国際民事保全法は大きな役割を演じることが期待されている。

　他方，保全訴訟は本案訴訟と密接な関係をもつことから，国際民事保全においては，日本が本案管轄地である場合に，外国所在財産に対する保全命令の管轄が認められるかどうか（【*Case*】①），発布のための要件，外国で命じられた保全命令の日本における効力（【*Case*】②(ii)）などが問題となる。

# *2*　保全命令の国際裁判管轄

　　　　　　　　　　　　民保法11条は，「日本の裁判所に本案の
　目的物・係争物の所在　　訴えを提起することができるとき，又は
　地　　　　　　　　　　仮に差し押さえるべき物若しくは係争物
が日本国内にあるとき」に，日本の裁判所に保全命令の申立てができるとする。

　まず，保全命令は執行手続との連続性が強く，命令の執行は仮差押えの目的物，仮処分の係争物所在地において行われうること

から，これらの地に保全命令の国際裁判管轄が認められる（関東庁高等法院上告部決昭元・12・27法律新聞2687号4頁ほか旧法下でも通説・判例）。保全手続は本案訴訟に付随するものであるとの考え方を強調し，日本に本案管轄がないときに保全管轄を否定する見解も一部に主張されたが，本案の訴訟や仲裁が外国で行われる場合にも，目的物や係争物がわが国にあるかぎり，内国で保全を行う必要性は十分にありえようから，管轄を否定すべきではない。したがって，**【Case】**②(i)の場合，わが国に保全命令の国際裁判管轄を認めることは可能である。

　他方，本案訴訟が外国で行われる場合に，そこで将来下されるべき判決が日本で承認されないとすれば，わが国で行われた保全手続は，付随するべき本案訴訟をもたないものであった，ということにもなりえよう。このような見地から，本案管轄地である外国で下されるべき判決が内国で承認可能かどうか（民訴118条）を，保全管轄の判断にあたって考慮した判決がある（旭川地決平8・2・9判時1610号106頁）。

　もっとも，外国で将来下されるべき本案判決の承認予測は困難なことも少なくないし，本案管轄をもつ国は1つとは限らず，財産保全の段階では，どの国で本案訴訟が提起されるかを特定できないこともありえよう。このような見地からすると，迅速性が求められる保全管轄の判断に際して，本案管轄地で下されるべき外国判決の承認可能性を要求することは適当でないと思われる。ただし，このような事情については，その後の本案起訴命令の段階で一定の配慮が払われなければならない（→3②）。

本案管轄地　　　民保法11条は，「日本の裁判所に本案の訴えを提起することができるとき」にも

日本の保全管轄を認める。旧法下においては，迅速かつ実効的な暫定的権利保護を目的とする保全処分の性質を強調し，目的物・係争物所在地にしか保全命令の国際裁判管轄を認めない考え方もあった。その趣旨は，目的物や係争物が内国になければ，本案管轄地である内国に保全管轄を認めても，下されるべき命令の執行が保障されない以上，実効性を欠く保全命令を導くにすぎない，という点にある。裁判例上は，内国に本案管轄があることを理由に保全命令の国際裁判管轄を認めたものが多いが（前掲旭川地決平8・2・9，横浜地判昭41・9・29下民集17巻9＝10号874頁，東京地決昭40・4・26判時408号14頁，東京地決昭63・12・5労民集39巻6号658頁），これらはいずれも目的物・係争物が内国に所在する事例でもあったため，本案管轄の存在だけを根拠に保全命令の国際裁判管轄を認めるものかどうかは明らかでない状況にあった。

　確かに，保全命令手続は，その後に続く執行手続との一体性が強いということはできるが，両者は局面を異にするものであり，命令の実効性それ自体は執行との関係で考えられるべき問題である。保全命令の発令段階では執行可能性がないとしても，債務者による任意履行が期待できないわけではなく，将来的に執行可能性が生じたり，外国でわが国の保全命令に一定の効力が認められる可能性も否定できない。何より，保全命令の発令に当たって，本案での債権者勝訴の蓋然性が重要な要素になることからも知れるように，保全命令の審理は本案審理と重複する点が多いので，両者を同一の判断機関に委ねるのが合理的である。債務者財産が多数国に散在するような場合には，本案管轄地国で一括して保全命令を発する必要性もありえよう。内国が本案管轄地であることを管轄原因とする考え方は，このような見地から根拠づけられる。

外国裁判所の専属管轄や仲裁が合意されている場合には，本案について内国管轄権が排除される結果，本案管轄の存在を理由とする内国の保全管轄も否定されなければならない。仲裁合意がなければ日本に本案管轄地があるとして，契約上の地位を仮に定める仮処分が求められた事件で，「当事者間に仲裁地を韓国ソウル市とする本件仲裁合意が存在するため……『本案の管轄裁判所』は我が国には存在せず」，国際裁判管轄は認められないとした裁判例がある（東京地決平19・8・28判時1991号89頁）（→5）。

　このことは，保全請求権についても，一定範囲で当事者が処分権をもちうることを示唆する。保全命令手続が一種の判決手続だとすれば，本案とともに保全命令についても外国裁判所に専属管轄を認め，内国管轄を排除するような合意を当事者が行うことも，理論的には否定できないのであり，外国裁判所への専属管轄合意や仲裁合意が，内国裁判所の保全管轄をも排除する趣旨と解されるような例外的な場合には，日本で保全命令の発布はできないというべきであろう。

　外国ですでに本案訴訟が係属している場合や，外国裁判所が本案管轄地であることを理由に保全管轄を認めた場合であって，将来その国で下されるべき本案判決が内国で承認されうる場合には，本案管轄地として内国裁判所に保全管轄を認めるのは適当でないということになる。このような事情は，「特別の事情」ないしは「保全の必要性」の枠内で考慮する必要がありえよう。

> **比較法的動向**　目的物・係争物の所在地と本案管轄地に保全管轄を認める考え方は，多くの国で

認められている。もっとも，条約においては，保全命令の国際裁判管轄を直接に規定するのではなく，本案管轄地に原則管轄があ

ることを前提としながら，それ以外の裁判所も，二重起訴の禁止に触れることなく，自国国内法により保全命令を発しうることだけを定めるものが多い。例えばブリュッセルⅠ規則（→*Column*⑦）31条は，「他の構成国の裁判所が本案について管轄を有する場合でも，構成国法が定める仮処分及び保全処分は，この構成国の裁判所に請求することができる」という。

# *3* 渉外的保全命令の発令に伴う問題

## ① 保全命令の発令要件

被保全権利の存在

保全命令を発令するためには，まず，被保全権利の存在が疎明されなければならない（民保13条）。渉外事件の場合，被保全権利の存否判断にあたっては，実体問題につき外国法が準拠法となりうることが問題となろう。迅速な判断が求められる保全訴訟において，しばしば困難を伴う外国法の適用を，本案訴訟と同様に求めてよいかどうかについては，疑問の余地がありうるからである。

米国人労働者から使用者たる米国法人に対する地位保全仮処分申請につき，雇用契約準拠法である米国法を適用した判例がある（東京地判昭42・8・9労民集18巻4号872頁）。この事件で問題となった仮の地位を定める仮処分のように，単なる暫定的規整にとどまらず，本案の先取り的な判断が求められる類型の保全訴訟においては，本案訴訟と同等の準拠法適用が求められようが，緊急的・暫定的な規整の実現が問題となる仮差押えのような類型については，申立人に自己の申立てを基礎づける外国法の内容を疎明

させたり，あるいは直截に法廷地法の適用を許すというやり方も
考えられよう。

―――――――――――
保全の必要性
―――――――――――⟩
保全命令を発するにあたっては，さらに，
保全の必要性が疎明されなければなら
ない（民保13条）。内国裁判所が単なる本案管轄地として保全
管轄を行使する場合には，保全命令の内国での執行ができず，そ
の実効性に問題が伴うために，これを保全の必要性（または権利
保護の利益）の枠内で考慮する必要が生じる。

　後述するように，保全命令の渉外的執行可能性について，現在
のところ，多くの国は消極的態度を示しているが，資産所在地国
において日本の保全命令に効力が認められる可能性が皆無とはい
えず，船舶のように内国への移動が予測されうる場合もある。さ
らに，債務者に対して，外国所在財産の処分禁止命令を不作為を
命じる仮処分として発令し，保全執行を間接強制の形で実施する
こと（民保52条，民執172条）によって，渉外保全命令の実効性
を確保するという手法も提案されている。いずれにせよ，目的物
ないし係争物が内国に所在しないという一事をもって，保全の必
要性を否定するべきではないと思われる。

## ② 本案起訴命令

　保全命令を発した裁判所は，債務者の申立てにより，債権者に
対して，相当期間内に本案訴訟の提起を命じることができる（民
保37条）。これは，保全訴訟が本案訴訟の実効性担保を目的とし
ており，後者に付随するものであること，債務者を長期間にわた
り不安定な地位におくべきでないことに基づく。内国裁判所が本
案管轄地として保全管轄を行使する場合には，本案起訴命令との

関係で問題を生じることはないが，【*Case*】②(i)のように，日本が財産所在地であって，本案について外国での裁判や仲裁が予定される場合はどうか。一般に，外国での本案の訴え提起や仲裁申立てであっても，そこで下されるべき判決や仲裁判断が，日本での承認・執行を合理的に予想されうるものであれば，それをもって適法な本案の起訴と見てよい。しかし，承認・執行の可能性がないような場合には，適式な本案起訴がない場合に準じて，民保法 37 条 3 項による保全命令の取消しを認めることになろう。

# *4*　外国保全命令の効力

　民訴法 118 条，民執法 24 条 3 項は，承認・執行の対象となる外国判決について，その確定を要求する。通説・判例によると，ここでいう「確定判決」とは，法的紛争を終局的に解決するものでなければならず，単なる暫定的規整を行うにすぎない保全命令は含まれない（大判大 6・5・22 民録 23 輯 793 頁，最判昭 60・2・26 家月 37 巻 6 号 25 頁）。これは，外国本案判決の執行についてその確定を要求する趣旨（→第 9 章 **2**）と同じく，保全命令はその後の本案判決における取消し・変更に服しうるため，内国で執行を許すに足るだけの安定性を備えていない，との判断に基づく。これによると，債権者は，内国裁判所で改めて保全命令を求めなければならないが，言渡国における保全命令取消しの際の原状回復や損害賠償の困難を考えると，このような扱いには原則として正当性が認められる。この立場においても，外国保全命令は，保全の必要性を疎明するための資料として考慮されうるから，その考

慮の仕方によっては，外国保全命令の執行を認めるのと大きくは異ならない効果が期待できよう。

　他方，この考え方においては，内国での法的安定性が保たれる反面，多くの場合に本案訴訟と保全訴訟が国際的に分裂し，審理の重複を避けられないという問題もある。外国判決の承認・執行という問題領域においては，ここ半世紀の間に，判決の相互的流通の確保が広範囲に達成されてきたが，保全命令や仮執行判決といった，緊急性をもつがゆえに十分な安定性をもたない裁判類型については，いまだ各国国内法上の規律は保守的なものにとどまっている。そのため，ブリュッセルⅠ規則やルガノ条約をはじめとして，近時の条約立法においては，外国保全命令の効力を内国でも認めようとする傾向が強い。わが国でも，同様の発想から，内国での保全命令発布にあたって外国保全命令の実体的判断内容を承認できるとする見解や，確定した外国保全命令について執行を認める見解のほか，権利実現の必要性や緊急性，命令の取消し・変更の可能性，債務者の損害回復の可能性などを事案ごとに衡量して，例外的な執行の余地を考える見解などが解釈論として主張されている。

# 5　仲裁と保全

仲裁のための保全処分　判決の執行あるいは実効性を担保する制度として民事保全制度が設けられている。判決に代替する仲裁判断に関しても，その実効性を確保するため，同様の保全処分が認められる。

裁判所の保全処分を発令する権限は仲裁合意により妨げられない（仲裁 15 条〔令 5 法 53 改正後の 17 条〕）。仲裁判断のための保全措置は時間を要する仲裁廷の構成に先だち必要となることがあり、あるいは、迅速な保全執行に資するためにも、仲裁廷による保全措置のほかに裁判所の保全処分が認められる。仲裁地が日本にないとしても、裁判所は保全命令を発することができる（仲裁 3 条 2 項）が、その国際裁判管轄は、日本の裁判所が本案に関する管轄を有するか、仮差押えの目的物または係争物が日本国内にある場合に限り認められる（民保 11 条）。

> **判　例**　契約違反行為禁止等仮処分命令申立事件（東京地決平
> 19・8・28 判時 1991 号 89 頁）
>
> 　「『本案の管轄裁判所』とは、当該仲裁の仲裁地を管轄する裁判所をいい、仲裁合意がなければ本案訴訟について管轄権を有したであろう裁判所を含まないと解するのが相当である。」
> 　民保法に国際裁判管轄が規定される以前の裁判例であるが、仲裁手続を「本案」と捉え、当事者の合理的意思と公平を根拠として仲裁地を本案管轄地としている。

**仲裁廷による暫定保全措置命令**

　仲裁廷は、当事者に別段の合意がない限り、暫定保全措置を命じることができる（仲裁 24 条〔令 5 法 53 改正後の 26 条〕）。仲裁は当事者意思に基づくものであり、仲裁廷が保全命令を発することができるか否かも当事者意思に従う。

　仲裁廷が命じることのできる暫定保全措置は、終局的判断の実効性確保のための仮差押え（仲裁 24 条〔令 5 法 53 改正後の 26 条〕1 項 1 号・2 号）や仮処分に相当する措置（同項 3 号）のほか、仲裁手続実施に関する措置がある。すなわち、仲裁手続の妨げとな

る行為の禁止（同項4号）や証拠の保全措置（同項5号）が含まれる。また，仲裁廷は，暫定保全措置の発令に際して担保の提供を命じ（同条3項），暫定保全措置命令を取り消し，変更し，または，効力を停止することができる（同条4項）。

　仲裁廷が構成されるより前に，あるいは，仲裁人が欠けた場合に，保全措置が必要となる場合がある（緊急保全措置命令）。仲裁機関の規則で，緊急仲裁人による保全措置が定められることがある（日本商事仲裁規則75条以下）。

仲裁廷による暫定保全<br>措置命令の執行力

当事者が任意に仲裁廷の保全命令に従うことは望ましく（例えば，日本商事仲裁規則71条6号は「当事者は，保全措置命令を受けた場合には，これを遵守しなければならない」と規定する），かつてはその強制執行を認めるべきでないとする見解が優勢であった。しかし，仲裁廷による暫定保全措置の発令権限を認めながら，その執行を否定するのは制度として不十分となる。当事者が暫定保全措置命令に従わなかった場合に，その執行を認めることが仲裁に対する協力として認められるべきである。

　仲裁法46条（令5法53改正後の48条）は終局的仲裁判断を念頭に置いた規定であり，暫定保全措置命令は同条の「仲裁判断」に当たらないとされてきた。そこで，仲裁法は仲裁廷の暫定保全措置命令の執行に関する規定を整備し，暫定保全措置命令についても執行等認可決定の対象とする改正が行われた（47条〔令5法53改正後の49条〕1項）。暫定全措置命令は，47条（令5法53改正後の49条）7項が規定する拒否事由が認められない限り，執行等認可決定が付与される。仲裁法24条（令5法53改正後の26条）1項3号に基づく暫定保全措置命令は民執法に基づき執行が

行われ，それ以外に関しては，裁判所により違反金の支払いを命じられ（仲裁49条〔令5法53改正後の51条〕），支払命令が民執法にしたがい執行される。

# 第11章 | 国 際 倒 産

【*Case*】① 日本に在住しているが，本国法上，個人の自己破産の申立てが認められない外国人Aが日本の裁判所に自己破産の申立てをしてきた。裁判所としてはどのように処理すべきか。

② 日本において会社更生手続が開始されていたA株式会社（日本法人）所有の船舶がカナダに停泊中，Aの更生担保権者として届出をしていたB会社（日本法人）が，この船舶を差し押さえ，カナダの管轄連邦地方裁判所に抵当権の実行の申立てをした。この場合，日本の会社更生手続の効力は，このカナダに停泊中の船舶に及ぶか。Bのカナダにおける抵当権実行申立ては有効か。

③ 営業所が日本と米国にある債務者Aに対して日本で破産手続が開始された。その後Aに対し債権を有するBは，米国にあるAの財産に対する強制執行により，一定額（債権額の2割）の弁済を受けた。Bは日本で開始された破産手続において，全額の債権届出を行った。この破産手続における最終配当率が10％であった場合，Bは配当を受けることができるか。Aの他の債権者Cは，日本における配当率を超えて弁済を受けた部分を不当利得として，Bに対し返還請求の訴えを提起した。裁判所はどのように判断すべきか。

# *1* 序　説

　企業の国境を越えた活動は，企業の資産の分散をもたらす。それにともない債権者も各地に存在することになる。その企業が倒

産した場合の手続について，厳格な属地主義がとられ，債権者の居住地や資産所在地の各国倒産処理法にのみ任せられたのでは，とうてい適正妥当な処理はなされ得ない。国際的に活動する企業の倒産においては，各国に分散する資産から各国に分散して存在する債権者が実質的に平等な満足を受けることができるべきである。また再建型の倒産であれば，再建計画をたてて企業の立て直しを図ることになるが，計画が各国ごとにばらばらに立てられることは企業全体の再建に資することにはならない。これらをどのように取り扱うのが適正な倒産処理につながるのか。これを考察の対象とするのが国際倒産法である。なお倒産処理手続には，清算型（破産手続）と再建型（民事再生手続，会社更生手続）があり，日本ではこれを取り扱う法律が，国際倒産処理に関する規定を定めている。また外国倒産手続の日本における効力（対内的効力という）については，「外国倒産処理手続の承認援助に関する法律」（承認援助法）がこれを規律している。したがって国際倒産法の全体像を明らかにするためにはこれらを横断的に考察する必要がある。

　日本において，国際倒産に関する法的規律が整備されたのは，比較的近時のことである。平成8年から始められた倒産法の全般的見直しの作業の中で，当時の社会的要請から先行して立法がなされ，平成11年に制定された（施行は平成12年4月1日）民事再生法において，国際倒産手続に関する諸規定，すなわち日本における民事再生の開始決定の対外的効力，外国手続への協力，外国手続による再生手続開始原因の推定，外国管財人の権限，相互の手続参加（クロスファイリング），いわゆるホッチポットルールなどが採用された。これらの規定は，後に会社更生法さらには破産

法における基本的な立場として引き継がれていくことになる。平成12年には，この民事再生法に国際管轄に関する規定が設けられ，また，承認援助法が制定されて，外国倒産手続の対内的効力に関する基本的なコンセプトが確立した。これにより，長年批判の対象とされてきた従来の属地主義が撤廃されると同時に，倒産手続に関し単一主義ではなく，並行倒産手続を前提として，その相互の手続の連携や調整を図ることにより対処する方式が採られることになった。なおそのさい1997年のUNCITRALの国際倒産モデル法（以下本章ではたんにモデル法と略す）が参照された。以下では，項目ごとに日本の国際倒産法の立場を明らかにしたい。

## 2　国際倒産管轄

平成12年改正の意義

倒産に関する法律に国際管轄規定が設けられる以前においては，破産法，和議法，民事再生法，会社更生法の管轄規定が原則として国際倒産の管轄規定として機能するとする逆推知説を基本とし，これに当事者間の公平や裁判の適正迅速を考慮した特段の事情による修正の可能性を含んだ修正逆推知説が有力であった。しかし，利害関係人にとっての管轄の明確性の要請は否定できず，明文の規定が望ましいことは明白であった。さらに逆推知説では，自然人の最後の住所や法人の業務担当者の住所等が管轄原因となることから，過剰管轄になるとの批判や国際管轄は国内管轄に先立って決められるべき事柄であるところ，国内管轄規定からの推知は論理が逆であるとの批判もあった。そこで平成8年に開始された倒産法改正作

業の中で，国際管轄規定のあり方が検討され，平成 12 年に破産，民事再生，会社更生の国際管轄規定が制定された。これによれば，まず国内管轄規定の前に国際管轄を定める規定が置かれ，なおかつ，過剰管轄の原因になるとされた事由を除外しているのが特徴といえる。

破産法・民事再生法・<br>会社更生法の規定

平成 12 年の旧破産法の改正により追加的に規定された 104 条ノ 2 を引き継いだ破産法 4 条 1 項は，「この法律の規定による破産手続開始の申立ては，債務者が個人である場合には日本国内に営業所，住所，居所又は財産を有するときに限り，法人その他の社団又は財団である場合には日本国内に営業所，事務所又は財産を有するときに限り，することができる」と規定し，民事再生法 4 条 1 項もほぼこれと同様に規定している。上記の管轄事由のうち，たんに日本国内に債務者の財産のみがある場合に，民事再生手続を開始することに意味があるかが問われうるが，再建型の外国倒産手続が並行して開始されている場合，再生債権者が強制執行の中止命令（民再 26 条），担保権の実行としての競売の中止命令（同 31 条）等の措置を講じるために，日本でも民事再生手続を開始しておく意味はある。これに対して会社更生法 4 条は，「株式会社が日本国内に営業所を有するときに限り」開始することを認めている。会社更生手続は，更生管財人が必要的に選任され，手続開始の効力も強いため，たんに財産の所在のみで手続を開始するに適さないからである。もっとも従たる営業所がある場合でも手続開始が可能となっているが，これは，主として担保権実行の包括的停止等を講じることにより，外国倒産手続でより実効性のある更生計画による会社の再建をはかって，清算価値

よりも高額の弁済を獲得することを狙いとしている。

---
**外国倒産手続の承認の要件**

承認援助法における承認は，「国際的な経済活動を行う債務者について開始された外国倒産処理手続に対する承認援助手続を定めることにより，当該外国倒産処理手続の効力を日本国内において適切に実現し，もって当該債務者について国際的に整合のとれた財産の清算又は経済的再生を図ることを目的とする」（1条）ものである（したがって外国判決の承認とは意味が異なる）。日本の裁判所が上記目的を達するための諸措置を講じるに適することを要することになるが，承認援助法はその要件を，「外国倒産処理手続が申し立てられている国に債務者の住所，居所，営業所又は事務所がある場合」と定めている（17条1項）。債務者の営業所が主たるものに限定されないことと，たんに財産の所在地のみでは要件を満たさないことに注意する必要がある。日本にたんに財産があるにすぎない場合でも，日本では破産手続や民事再生手続が開始されうるのに，倒産手続が開始された国にたんに財産があるのみでは承認の対象にならないとするのは，日本の手続の対外効を当該国が承認するかは，当該国の手続との関係で決まる事柄であるからである。

# *3* 外国人の地位

倒産手続における外国人の地位をどのように規律するか（外人法）については，大きく分けて2つの方法が考えられる。すなわち相互主義と平等主義である。前者は，外国人の法的地位をその

本国が自国民に認めるのと同じ程度において認めるというものであり，後者は，内国人と外国人を区別せず，両者を平等に取り扱うものである。日本の倒産関係を規律する外人法のうち，かつて破産法は，「外国人又ハ外国法人ハ破産ニ関シ日本人又ハ日本法人ト同一ノ地位ヲ有ス 但シ其ノ本国法ニ依リ日本人又ハ日本法人カ同一ノ地位ヲ有スルトキニ限ル」としていわゆる相互的平等主義の立場を採っていた（旧破2条）。これに対して，会社更生法は上記但書なしの内外人完全平等主義を採用しており（会更3条），倒産手続により規整が異なっていた（旧和議法11条は破産法の上記規定を準用していたが，会社整理，特別清算の規定にはこういった外人法的規律はなされていなかった）。このうち旧破産法2条但書の規律については，比較法的趨勢からいっても，またグローバルな経済活動の展開からいっても，孤立した，不当なものとなっていることが指摘され，解釈論上これを制限する試みが積み重ねられてきたが，最終的には立法で解決することが待たれていたところであった。平成12年の破産法改正はまさにこの点を是正した。すなわち前述の但書がこれにより削除され，民事再生法を含めて倒産法全体で内外人完全平等主義が採られるに至った（平成16年改正前破2条，民再3条）。さらに平成16年の破産法により，免責，復権の手続に関してもこの原則が貫徹される旨が明記された。これにより，外国債権者の国内倒産手続における地位は，内国債権者と平等であることになり，外国人，外国法人の倒産能力についても同様ということになった（破3条）。

【*Case*】①はこれに関する問題である。破産法3条（民再3条，会更3条も同旨）は，いわゆる内外人平等の原則をとっていることから，Aは日本人と同一の地位を有する。したがって破産能

力のほか，免責，復権についてもこれが認められることになる。

# *4* 倒産手続の準拠法

　倒産手続においては，手続的問題やそこで処理されるべき実体的問題等さまざまな法律問題が関わりを持つ。まさに法の坩堝といわれるゆえんである。これに国際的要素が加われば，どの国の法律を適用してことを処理すべきかという準拠法の問題が生じる。

　倒産手続の開始，進行，手続の機関，手続開始の裁判とその効力，倒産債権の届出，調査，確定の手続，倒産手続の終了原因，すでに係属する訴訟や仮処分，強制執行の帰趨といった手続問題については，「手続は法廷地法による」の原則通り，手続開始地国の法が適用になる。問題は，その過程で取り扱われる実体的問題である。双方未履行の双務契約の処理，取戻権，別除権，相殺権，否認権を行使するさいの準拠法については，すべて法廷地法の適用のみで足りるというわけではないであろう。

　例えば破産手続開始時に双方未履行の双務契約がある場合，手続開始の効果については法廷地法が適用され，管財人が履行または解除の選択権を持つことになるが，個々の契約をめぐる法律関係（例えば賃貸借契約や雇用契約など）が破産を原因として契約の解除を認めているかどうかという判断に関しては，当該法律関係の準拠法の適用を受けることになる。

　取戻権については，破産法62条は，破産手続の開始は取戻権に影響を及ぼさないと規定していることから，破産手続とは別に権利の行使が可能と考えられる。そこで一般の取戻権の対象が特

定物であれば，その物の所在地法によることになり，それが債権
である場合は，債権関係を規律する準拠法の適用を受けることに
なる。

　また，相殺権については，相殺の許容性や行使方法は，法廷地
法の規律に服するが，債権の成立については，それぞれの債権の
発生原因となった法律行為の準拠法による。

　別除権については，日本の破産法は，担保物権のうち別除権が
認められるものと優先的破産債権となるものとを区別している。
そこでどのような担保物権に別除権が認められるかの問題は法廷
地法によるが，担保物権の成立，効力に関しては，担保物権の準
拠法によることになる。例えば抵当権や質権の成立については，
被担保債権の準拠法の適用を受け，成立の前提である物権として
の有効性については，目的物の所在地法によることになろう。

　否認権の準拠法については議論があるところである。これは否
認権の法的性質をどのように見るかに係る問題である。結論から
いえば，これはたんに否認の対象となった法律行為の成否に係る
問題ではなく，破産財団の増殖のために当該法律行為の効力を否
定することが適切であるかの問題であると捉えるべきであるから，
否認権の要件，行使方法，効果については，破産手続開始地法す
なわち法廷地法によるべきものと考える。

　破産に関し，総じていえば，実体的な問題のうち，総債権者の平
等・公平な満足ないし破産的私法秩序の維持という破産制度の目
的を実現するため，破産法が特別に規律している事項については，
破産手続開始地国法（法廷地法）の適用を受け，それ以外の事項
については，国際私法の指示する準拠法によると考えられる。

# 5 国内倒産処理手続の外国財産に対する対外的効力

概　説

平成 11 年に制定された民事再生法，同 12 年の承認援助法等の国際倒産法の整備以前は，厳格な属地主義がとられ，国内倒産の外国財産に対する対外的効力は，否定されていた。グローバル化した世界経済や社会におけるこのような状況は，いずれ改正の必要があると久しく叫ばれていたわけである。このような中にあって，問題改善のための学説の解釈努力がなされてきた。倒産手続の個別執行の禁止効は，確かに属地的にしか生じないとしても，財産の管理処分権や経営権の管財人への移転は，外国にある財産にまで及ぶとの見解が有力に主張されていた。平成 8 年に始まり平成 16 年頃まで続いていた倒産法全体の見直し作業の中で，属地主義からの決別が重要テーマとされてきたことは，周知の通りである。

倒産手続の対外的効力

破産法においてはかつての属地主義の規定（旧 3 条 1 項）が削除された。そのうえで破産法 34 条 1 項は，「破産者が破産手続開始の時において有する一切の財産（日本国内にあるかどうかを問わない。）は，破産財団とする」として，外国財産に対する破産手続の包括的執行力を正面から認めた（平成 12 年の改正による成果であり現行破産法に引き継がれた）。また民事再生法においても同様に，38 条 1 項で，管財人または保全管理人が選任されている場合にはその者が有する，選任されていない場合には再生債務者本人が有する管理処分権は，国内財産のみならず在外財産にも及ぶとされる（民再

89条，民再規28条），さらに会社更生法においても，72条1項は，「更生手続開始の決定があった場合には，更生会社の事業の経営並びに財産（日本国内にあるかどうかを問わない。……）の管理及び処分をする権利は，裁判所が選任した管財人に専属する」と規定して，かつての対外的効力を否定する規定（旧会更4条1項）は削除された。

　日本法においては，財産の所在のみに基づいて開始された外国倒産処理手続は，それが日本の倒産手続であれば対外的効力を認め，外国倒産処理手続であれば承認の対象としていない。これは一見日本の利益のみに偏した枠組みであるように思われるが，そのような趣旨ではない。日本の倒産手続が財産の所在のみに基づいて開始された場合であっても，外国の裁判所がこれを承認するかどうかは個別事件ごとの外国の裁判所に判断をゆだねることになるし，また何らかの理由で営業所所在地国で倒産手続が開始されず，その国での事業の停止や財産の散逸を日本の倒産手続の承認を通して防ぐ必要があると外国裁判所が判断する場合も考えられることから，日本法としては一律に対外的効力を認めることにしたのである。

　破産管財人，再生債務者，更生管財人や保全管理人等の管理処分権の範囲を在外財産に拡大することによって債務者の在外財産を回収の対象とすることができるとされているが，実際にこれによって在外財産からの回収ができるかは，当該財産所在国が承認等の制度によりこれを認めるかに係ってくる。日本の破産管財人等は，当該国がこれを承認する場合でも，かならずそこから回収をする義務を負うというわけではなく，回収に必要な費用等を勘案して引き合う場合にこれを行う義務を負うのである。この義務

は，破産管財人の善管注意義務（破85条1項），再生債務者の公平誠実義務（民再38条2項）を根拠とする。

【*Case*】②は，日本において開始した倒産手続の対外的効力に関する問題である。日本の倒産法制においては，属地主義が廃され，普及主義がとられるにいたっている。会社更生手続においても，これがとられている（72条1項）。しかも会社更生手続において，Bは更生担保権者となるから，手続と離れて抵当権の実行をすることは許されない。したがって本件で，Bのカナダにおける抵当権実行の申立ては認められないことになる（民事再生法においては取り扱いが異なることに注意。民再53条）。

弁済調整

属地主義のもとでは，倒産債権者が在外財産に対する執行等により外国で受けた弁済を日本の倒産手続で考慮することは，困難であった。しかし一連の倒産法の改正により，属地主義の枠組みそのものを取り外し，日本の倒産手続の対外効を認めるいわゆる普及主義を採用して，国際的なレベルでの債権者平等を実現することが目指された。

外国財産について，外国において個別執行が行われるとき，破産管財人は，個別執行の中止を求めることができるし，破産債権者が倒産手続開始後に外国財産から満足を受けたときには，債権全額について破産債権者として権利を行使することができるが（破109条，民再89条，民再規28条，会更137条，会更規35条），弁済を受けた債権額については，議決権の行使が許されず（破142条2項，民再89条3項，会更137条3項），他の同順位の債権者が自己の受けた弁済と同一の割合の配当を受けるまでは最後配当を受けることはできない（破201条4項）。これは，破産手続の包括的執行力が外国財産に及ぶことを前提にして，いわゆるホッ

チポットルールを定めたものである。このルールは、しかし、在外財産からの弁済が、国内手続による弁済を上回る場合には、十分に機能しない。そこで当該破産債権者が外国財産から満足を受けた額が破産配当額を超えたときに不当利得が成立するかが問題となる。実質的に債権者平等原則を実現することを目指す見地からこれを肯定する見解も主張されている。

【*Case*】③がこれに関連する問題である。Bは債権全額について破産債権者として手続に参加することは認められるものの（破109条）配当については他の同順位の債権者Cが、Bの受けた弁済と同一の割合の配当を受けるまでは、最後配当を受けることはできない（同201条4項）。本件において、Bは配当を受けることはできないことになる。ところがBの受けた弁済額は、破産手続の配当額を上回っている。その分をCは不当利得としてBに返還を請求することができるかは疑わしい。この点がこのルールの限界でもある。

*Column* ㉚　ホッチポットルール

　国境を越えた取引が普通に行われる社会においては、債務者の資産ならびに債権者が複数国に渉って存在することが当然想定される。そのような中でも債務者の倒産にさいしては、倒産手続開始国にある債務者の資産や当該国の債権者のみを視野に入れて倒産処理手続を行うことが適切でないことは確かである。債務者の倒産にさいして複数国に存在する財産から平等弁済を受けるルールの確立はかくして急務といえた。ところが日本では旧来、破産法において厳格な属地主義がとられていたため、グローバル社会に対応できないシステムとの批判を浴びてきたのである。そこでこの間の一連の倒産法の改正により、いわゆるホッチポットルールが採用された。複数国に分散する債務者の資産を倒産財団として集合的に扱い、倒産債権

者間で平等弁済をはかる方式である。これにより一部の倒産債権者が，外国に存在する債務者の資産から，他の債権者に先だって不平等な弁済を受けてこれを保持することを認めないことが達成された。これは，モデル法に規定されているところを日本法が基本的に採用したものである。

破産管財人等の外国での権利行使

破産法247条2項によれば，「破産管財人は，届出をした破産債権者であって，破産者についての外国倒産処理手続に参加していないものを代理して，当該外国倒産処理手続に参加することができる」。そのさい破産管財人は，代理した破産債権者のために，外国倒産処理手続に属する一切の行為をすることができる。ただし届出の取下げ，和解その他破産債権者の権利を害するおそれがある行為をするには，当該破産債権者の授権がなければならない（同条3項）。これらの行為は破産債権者に不利益を及ぼすことがあるため，代理権の範囲には入れずに，そのための特別の授権を要するとするのが妥当であるからである。同種の規定は民事再生手続や会社更生手続にもある（民再210条2項・3項，会更245条2項・3項）。

## *6* 外国倒産手続の対内的効力

### ① 概　説

概　説

平成12年改正以前は，外国倒産手続の国内財産に対する効力が否定されていた（属地主義）。その趣旨は国内債権者保護にあった。もしこの効力

を認めると，国内債権者は必然的に外国倒産手続への参加を強いられるからである。しかし債権者といっても多様であるし，外国倒産手続が国内債権者に配慮している場合も考えられるから，一律に対内的効力を否定する合理的理由はない。そこで判例，学説は，この厳格な属地主義を緩和する解釈論的努力を重ねてきた。例えば東京高決昭和56年1月30日（判時994号53頁）は，「外国ニ於テ宣告シタル破産ハ日本ニ在ル財産ニ付テハ其ノ効力ヲ有セス」と規定して属地主義を定めていた旧破産法3条2項について，「破産法の右規定は，外国において宣告された破産はわが国にある財産については当然にはその効力，特にその本来的効力（包括執行的効力）が及ばないことを宣言したにとどまり，それ以上に，外国において破産の宣告がなされたことや，それに伴い破産管財人が選任されたこと自体を無視したり，その宣告の結果，当該外国において，その国の法律に従い，破産管財人が破産者の有する財産の管理処分権を取得するなどの効果が発生することを否定したりすることまで要求するものでないことは明らかである」との見解に基づき，破産管財人が破産者の有する権利を代位行使して，破産者の債権者による日本にある財産に対する仮差押え決定の執行取消しを求める当事者適格を肯定した。

　このような中で，平成8年から始まった倒産法改正の作業において，属地主義の見直しがなされた。そのさい大いに参考とされたのが，モデル法であった。そこではいわゆる緩やかな普及主義が採用されている。そこで，まず平成11年に制定された民事再生法が，外国倒産処理手続の対内的効力を認める枠組みを採用し，続いて平成12年に制定された承認援助法は，外国破産手続について，日本の裁判所が承認決定を行い，これに基づいて援助処分

をするというかたちで外国破産手続の対内的効力を認めた。かくして属地主義の規定は削除されるに至った。これにより日本における倒産手続と外国倒産処理手続とが同時並行的に係属している場合に，これらの手続相互の連携や調整が行われ，債務者に関する倒産処理が適切に行われるように，制度的手当てがなされるに至ったわけである。

**外国管財人との協力および情報提供**

並行倒産を認めることを前提とする現行法のもと，外国における倒産処理手続と日本における倒産処理手続ができる限り連携を保って行われることが望ましい。そこで両者の密な関係，特に再生債務者や倒産管財人の相互の協力が不可欠となる（なお，一債務者一手続進行の原則から，承認申立てと国内倒産処理手続が競合した場合には，後者が優先し，承認申立ては棄却ないしは中止となる）。

　日本における破産手続に際し，破産管財人は，破産者についての外国倒産処理手続がある場合には，外国管財人に対し破産手続の適正な実施のために必要な協力および情報の提供を求めることになっているが（破245条1項），これとは逆に，「破産管財人は，外国管財人に対し，外国倒産処理手続の適正な実施のために必要な協力及び情報の提供をするよう努めるものと」されている（同条2項）。同趣旨の規定は，民事再生手続と会社更生手続においても存在する（民再207条，会更242条）。例えば再建型の倒産処理手続であれば，事業の将来計画（再生計画ないしは更生計画）については，互いの情報交換や調整を必要とするであろうし，経営権や資産処分等についての調整を行うため，プロトコル（議定書）の締結の有用性などが指摘されている。

以上のように，各国で係属する倒産処理手続における管財人相互の協力関係について規定が整備され，これらに基づいて倒産実務が進められることは有益であることは間違いない。他方で，モデル法は管財人間に留まらず，裁判所が外国裁判所や管財人と協力して情報収集に当たることも規定しているが（モデル法25条），この点日本においてはこれに対応する規定は存在していない。ハーグ子奪取条約の関係でもネットワーク裁判官相互の情報交換が有益であることが報告されているが，国際倒産処理手続においても裁判所間のネットワーク整備による協力体制の構築が有益であることが学説上指摘されている。日本の裁判所の今後の課題であろう。

## ②　手　　続

並行倒産における倒産
原因の推定

例えば外国で破産手続に相当する手続が開始された場合など，外国で開始された倒産処理手続がある場合には，当該債務者につき，破産手続，民事再生手続，会社更生手続等，各種倒産処理手続の原因があるものと推定される（破17条，民再208条，会更243条）。国内の倒産手続の開始を容易にして，国内債権者の保護を図ると同時に，外国管財人等による倒産処理手続の利便性を向上させることを目的とする。

外国管財人の権限

外国管財人は，外国倒産手続の承認のあるなしにかかわらず，次のような権限が与えられる。まず，外国管財人は，各種倒産手続開始の申立てができる。例えば破産手続であれば，外国管財人は，日本において破産手続の開始を申し立てることができる（破246条1項）。外国

管財人は，1項の申立てをするとき破産手続開始の原因となる事実を疎明しなければならない（同条2項）。その際，倒産処理手続の開始原因となる事実の存在が推定されることは，前述の通りである。外国管財人は，破産者の破産手続において，債権者集会の期日に出席し，意見を述べることができる（同条3項）。さらに外国管財人による破産手続開始の申立てがなされた場合において，包括的禁止命令またはこれを変更し，もしくはこれを取り消す旨の決定があったときは，その主文を外国管財人に通知しなければならない（同条4項）。民事再生手続や会社更生手続においても同趣旨が規定されている（民再209条，会更244条）。なお民事再生手続や会社更生手続においては，外国管財人に，一定の期間内に再生計画案ないしは更生計画案を提出する権限が付与されている（民再209条3項，会更244条3項）。

**相互の手続参加（クロスファイリング）**　並行倒産手続が係属している場合，相互の手続参加が認められる。例えば破産手続に関して，外国管財人は，日本での手続において破産債権の届出をしていない破産債権者であって，破産者についての外国倒産処理手続に参加しているものを代理して，破産者の破産手続に参加することができる。ただし当該外国の法令がそのような代理権を認めていることが前提である（破247条1項）。逆に，日本の破産管財人は，破産債権の届出をした破産債権者であって，破産者についての外国倒産処理手続に参加していないものを代理して当該外国倒産処理手続に参加することができる（同条2項）。

このような制度を設けた理由は，並行倒産手続に事実上参加することのできない債権者の権利保護をも図り，実質的に債権者平

等の原則を実現することにある。これにより外国倒産処理手続に参加した破産管財人は、破産債権者のために代理して外国倒産処理手続に属する一切の行為をすることができる。ただし届出の取下げ、和解その他の破産債権者の権利を害するおそれのある行為については、当該破産債権者の授権がなければならないとして、債権者に不利益の及ぶ可能性のある行為については、債権者を保護することが図られている（同条3項）。民事再生手続や会社更生手続においても同趣旨の規定が設けられている（民再210条、会更245条）。

**外国倒産手続の承認** 外国倒産処理手続の対内的効力、すなわち外国倒産処理手続の債務者が日本において有する財産に対し、債権者が権利行使をすることをどのように法的に規制するかが問題となる。これについては、外国倒産処理手続に対する承認援助という枠組みで処理がなされる。すなわち外国倒産処理手続がただちに日本においても効力をもつとはせずに、外国倒産処理手続とは一応切り離すかたちで、日本が独自の立場から承認援助を行うというかたちを採っている。承認援助法は、この承認援助の目的を、「国際的な経済活動を行う債務者について開始された外国倒産処理手続に対する承認援助手続を定めることにより、当該外国倒産処理手続の効力を日本国内において適切に実現し、もって当該債務者について国際的に整合のとれた財産の清算又は経済的再生を図ること」としている。

　この枠組みは、並行倒産を認めることを前提としているが、そうすると同一債務者に対する日本における倒産処理手続と外国倒産手続の承認手続とが競合する場合が考えられる。これに対しては、一債務者一手続進行の原則がとられ、同一債務者について複

数の倒産処理手続が日本において許容されることはない。そこで手続間の優先順位が定められ，国内倒産処理手続，外国主手続の承認援助手続，外国従手続の承認援助手続の順に優先される。優先順位が後れる手続については，手続が中止となる。

**優先順位の判断** 東京高決平成 24 年 11 月 2 日（判時 2174 号 55 頁）は，外国倒産手続の承認申立てが競合した場合の優先関係が問題となった初めての裁判例である。米国デラウェア州法を準拠法として設立された株式会社 X について，まずイタリアで破産手続が申し立てられ（平成 23・3・14，同 4・12 に開始決定），後に米国で再建（DIP）型の倒産手続が申し立てられたところ（平成 23・5・18，同日開始決定），X が平成 23 年 8 月 11 日に東京地裁に承認援助処分の申立てをし，その後，イタリア破産手続における破産管財人 Y からその承認援助処分の申立てがなされた（平成 23・10・14）。

　東京高裁は，いずれが外国主手続であるか，すなわち① X の「主たる営業所」（承認援助 2 条 1 項 2 号）はどこなのか，②その判断の基準時はどの時点か，③判断基準をどのように考えるか（考慮要素は何か），について判示した。②については，「主たる営業所」（実質的な本社，モデル法の COMI に相当するが，日本法では主手続概念は複数の承認手続が競合してはじめて機能するため，これとの関係で主たる営業所と COMI についても機能を異にする点に注意が必要である）の判断が各国で区々にならないという配慮から，特段の事情がない限り，最初の倒産手続開始の申立てがなされた時点（イタリア破産手続申立時点）とし，③については，(a)本部機能ないし中枢，(b)債務者の主要な財産および事業の認められる場所，(c)債務者の経営管理の行われている場所，(d)債権者から認識

可能な場所などを重点的に判断すべきとした。その結果，①について，主たる営業所は米国に存在するとしてＹの抗告を棄却した。

---

申立権者・管轄

外国倒産手続の承認の申立権者は，外国管財人等，すなわち外国管財人ないしは管財人が選任されない手続においては債務者である（承認援助17条1項・2条7号8号）。またこの手続は東京地方裁判所の管轄に専属する（同4条）。もっとも債務者ないしは財産の所在地等の関係で，東京以外の裁判所で手続が行われることが，著しい損害または遅滞を避けるために必要である場合には，承認の決定と同時にまたはその決定後，他の地方裁判所に承認援助事件を移送することができる（同5条）。

# 第12章 国際仲裁

【*Case*】A国会社Xと日本会社Yが締結した物品売買契約には，当該契約から生じるあらゆる紛争をB国での仲裁で解決すべきものとする条項がおかれていた。

① Yが仲裁合意の無効を主張して日本で訴えを提起し，Xが仲裁合意に基づく妨訴抗弁を提出した場合，裁判所は仲裁合意の効力をいずれの国の法で判断するべきか。

② B国で仲裁手続が行われ，Xの申立てを認容する仲裁判断が下されたが，Yが履行しない場合，Xは日本で仲裁判断の執行を求めることができるか。また，その場合の要件は何か。

③ Yは，日本の裁判所で，B国仲裁判断の取消しを求めることができるか。

## 1 総 説

### [1] 国際仲裁の意義

国際仲裁の利点

国際取引従事者にとって，裁判での紛争解決は必ずしも満足ゆかないことがある。なぜなら，民事訴訟で確定判決を得るには多大の時間と費用を要するうえ，裁判官は取引の実状を知らないことが多く，裁判公開の原則のために営業上の秘密が保ちにくい。そのうえ，訴訟手続は画一的で柔軟性に乏しく，国際裁判管轄規則は国ごとに異なり，相互保証がないために判決の相互執行ができない場合もあるなど，

訴訟には不確定な要素が伴う。さらに，国家機関である裁判所は，外国の当事者に中立的な印象を与えない。このような理由から，当事者が合意（仲裁合意）を結び，自分たちの間に生じたか生じうる国際取引紛争の裁定を，私人たる第三者（仲裁人）に委ねることが多く行われるようになった。これが国際仲裁である。

仲裁はとりわけ国際取引との関係でメリットが大きい。なぜなら，①仲裁は通常一審制をとるため，迅速かつ安価であり，②関係取引分野の専門家による，③非公開での，④柔軟な手続による審理が期待できる。また，⑤合意に基づくため付託の範囲が明瞭であり，⑥条約により仲裁判断の国際的執行が保障され，⑦当事者にとって中立的なフォーラムでの紛争解決ができるからである。さらに，⑧取引関係を維持する必要上，当事者が任意で仲裁判断を履行する率が高い，という点も指摘されている。

わが国を仲裁地とする国際仲裁の件数はいまだ多くはなく，仲裁が実際に訴訟に比べ安価かどうかについては疑問の声も聞かれるが，その有用性は国際的に広く認知され，わが国においても国際仲裁の利用活性化が強く期待されている。

| 国際仲裁の用語と概念 |
| --- |

従来は，国際公法上の仲裁裁判と区別するために「国際商事仲裁」という用語が用いられてきたが，最近では，国際海事仲裁を含め，より広い範囲での国際取引紛争の仲裁を意味するものとして，「国際仲裁」という用語が定着しつつある。国際仲裁の定義は1つの問題であるが，ここでは広く，当事者（その国籍，住所ないし本拠地），仲裁地，紛争対象の性質など，何らかの意味で渉外的な要素を含む仲裁と捉えておく。後述するUNCITRALモデル仲裁法1条3項は，仲裁合意の当事者が異なる国に営業所をもつ場合や，営業所

所在地外に仲裁地，履行地がある場合などを，国際仲裁のメルクマールとしてあげている。しかし，わが国の仲裁法は国際仲裁と国内仲裁を区別しないため，このような定義は必要でない。

| 個別仲裁と機関仲裁 | 事件ごとに当事者が合意を結んで仲裁人に紛争解決を委ねるタイプの仲裁を，個別仲裁ないしアド・ホック（ad hoc）仲裁と呼ぶ。いわばその事件限りの仲裁であり，仲裁の原型ともいうべきものだが，この場合には，当事者自らが手続の細部まで合意する必要があり，仲裁人の選任等に困難が伴うといった問題がある。そのため，現在においては，一部の大型国際事件などで個別仲裁の例は見られるものの，国内・国際を問わず，常設の機関において，当該機関が定めた規則に準拠して行われる仲裁（機関仲裁）が主流になっている。とりわけ渉外事件では，当事者間で慣行も法意識も異なるため，細部にわたって適切な合意を形成することは容易でなく，機関仲裁への流れは必然的といえよう。

*Column* ㉛　国際仲裁機関と国際商事裁判所

　仲裁法の近代化や常設仲裁機関の整備は，国際取引従事者の要請に適う紛争処理システムを提供し，貿易振興の基盤を固めるという意味あいをもつ。そのため，各国は競ってこれに向けた努力を続けているが，これまで国際仲裁の中心的役割を果たしてきた常設仲裁機関として，ロンドン国際仲裁裁判所（LCIA: London Court of International Arbitration），パリに本部をおく国際商業会議所（ICC: International Chamber of Commerce），ニューヨークのアメリカ仲裁協会（AAA: American Arbitration Association）の3者をあげることができる。わが国には，第二次大戦後，貿易による復興という要請のもとに設立された日本商事仲裁協会，海事仲裁の分野で古い伝統をもつ日本海運集会所がある。最近では，中国，マレーシア，香港，シン

ガポールといった国々も仲裁制度の整備・近代化に積極的であり，アジアの仲裁センターの地位をめぐる競争は熾烈化しつつある。

　他方において，手続の柔軟性や迅速性，国際紛争への対応力といった仲裁の利点を裁判所に取り込もうとする動きもある。例えば，シンガポール国際商事裁判所（SICC）は外国の著名法曹を裁判官に加え，ドバイ国際金融センター裁判所（DIFCC）は，判決を仲裁判断化してニューヨーク条約による国際執行を可能にするといったユニークな特徴をもつ。このような「国際商事裁判所」は，フランス，オランダ，中国等の国々でも設立されており，1つの大きな流れになりつつある。

## ② 法　　源

　　　国　内　法

旧民訴法は，第8編に，かつてのドイツ民訴法にならった仲裁関係規定をおいていた。これは，平成8年の民訴法改正に際して，公示催告に関する第7編とともに改正の対象外とされ，「公示催告手続及ビ仲裁手続ニ関スル法律」として維持されたが，国際仲裁に関わる定めを欠くなどの問題を残していた。そのため，内閣府の司法制度改革推進本部に設けられた仲裁検討会を中心に法改正の準備が進められ，2003年，UNCITRALモデル仲裁法を基礎とする「仲裁法」（平15法138）が成立した。

　　　条　　約

国際取引従事者は，仲裁合意や仲裁判断の効力が国際的にも保障されることを期待する。そのため，早い時期から，これらの問題については条約による法統一が進められてきた。

　まず，仲裁に関する最初の多国間条約として，国際連盟が

1923 年に採択した「仲裁条項ニ関スル議定書」（ジュネーブ議定書：昭 3 条 3）がある。この条約は，仲裁合意の国際的承認を目的とするが，仲裁判断の承認・執行に関する規定を欠いていたため，その不備を補うために 1927 年に採択されたのが，「外国仲裁判断の執行に関する条約」（ジュネーブ条約：昭 27 条 11）である。

　両条約は一定範囲で成功を収めたといえるが，例えばジュネーブ条約については，適用対象となる仲裁判断の範囲が狭いとか，仲裁判断の確定を証明するために言渡国でも執行許可の取得が必要になるといった問題があった。そのため，第二次大戦後，国連主導下で新たな条約を作成することとなり，1958 年，「外国仲裁判断の承認及び執行に関する条約」（ニューヨーク条約：昭 36 条 10）が採択された。この条約は，その名称が示す通り，外国仲裁判断の承認・執行を主な対象とするが，仲裁合意の承認についても規定をおく。本条約には，2023 年 11 月現在で 172 か国が加盟しており，統一法条約としては異例の成功を収めたと評価できる。

　他方，先進国から途上国への民間投資に関わる紛争の解決を目的とする特殊な仲裁手続を定める多国間条約として，世界銀行の主導下で 1965 年に採択された，「国家と他の国家の国民との間の投資紛争の解決に関する条約」（投資紛争解決条約→*Column* ⑤）がある。さらに，米国などいくつかの国とわが国が締結した二国間通商条約にも，仲裁合意や仲裁判断の相互的承認を定めた規定が散見される。

---

**UNCITRAL モデル仲裁法と仲裁法の近代化**

取引従事者にとって，仲裁法が国ごとに相違することは，紛争解決についての予測を困難にする点で望ましくない。しかし，国家が，私人による紛争解決をいか

なる範囲で公認し，どうサポートするかは，各国固有の伝統や法政策と関係するため，仲裁法の内容を条約で統一することは容易でない。そこで，国連の国際商取引法委員会（UNCITRAL）は，1976年に，個別仲裁で当事者の合意に基づいて適用される手続規則として，「UNCITRAL仲裁規則」を作成した。常設仲裁機関は一般に独自の仲裁規則をもつが，UNCITRAL仲裁規則による手続を別途認めるものもある。

　さらにUNCITRALは，1985年，「国際商事仲裁に関するUNCITRALモデル法」を公表した（以下，モデル法と呼ぶ）。モデル法（模範法）とは，各国に国内立法のモデルを提供するものであり，それを採用する国は，立法に際して適宜追加・削除や修正を行うことができる。ルールの合理性のみならず，このような柔軟性が仲裁法の近代化を目指す国々にアピールした結果，モデル法を採用して仲裁法の立法に踏み切る国が急増するなか，わが国も仲裁法の制定でこれにならった。2006年の改訂モデル法は，仲裁廷による暫定保全措置命令の具体的内容や執行力を定めた規定を導入しており，これらは令和5年の仲裁法改正（令5法15）に盛り込まれている（→第10章**5**）。

## 2 国際仲裁をめぐる抵触法的問題

　仲裁に関する各国国内法規が異なる結果，国際仲裁では，仲裁合意の成立・効力，仲裁手続，仲裁判断基準といった問題について，どの国の法を適用するかという抵触法（国際私法）問題が生じる。また，仲裁判断取消し等の手続については国際裁判管轄も

問題となりうるが，仲裁においては，当事者の合意に基づく紛争解決という特殊性があるほか，審問手続が複数国で行われることもあるなど，準拠法や管轄の決定を難しくする要素が少なくない。

## ① 仲裁手続の準拠法

仲裁地法説の採用

仲裁人の選定や忌避，証拠調べといった仲裁手続に関する問題は，いずれの国の法によるべきか。わが国の学説上は，従来，合意に基づく紛争解決手段という仲裁の特質から，当事者に仲裁手続準拠法の合意を許す考え方（当事者自治説）が多かったが，仲裁地法への客観的連結を説く見解（仲裁地法説）も有力であった。後者の見解は，当事者が合意によって仲裁地強行法の適用を潜脱できるのは妥当でないこと，仲裁地で外国法が定める手続を実行するには困難があること，実務上，仲裁地以外の法を当事者が指定することは考え難いことなどに基づく。同じ考慮から，モデル法は仲裁地が国内にあることを適用の条件としており，仲裁法３条も，仲裁法は原則として「仲裁地が日本国内にある場合に」適用されると規定した。

仲裁地を連結点とする考え方は，仲裁に関わる裁判所の管轄問題にも影響を及ぼす。例えば，仲裁廷や当事者は，裁判所に証拠調べの実施を求めることができるが（仲裁 35 条〔令５法 53 改正後の 37 条〕），これは日本が仲裁地である場合に限られる。また，【*Case*】③で問題となる日本での仲裁判断取消し（44 条〔令５法 53 改正後の 46 条〕）も，日本を仲裁地とする仲裁判断にしか認められない。もっとも，裁判所への保全処分申立て（15 条〔令５法 53 改正後の 17 条〕）は仲裁地のいかんを問わず認められるほか（3

条2項），仲裁人の選任，忌避等については，仲裁地未定の場合にも裁判所の協力（17条・19条〔令5法53改正後の19条・21条〕などを参照）が必要となりうるため，仲裁地が日本になる可能性があり，当事者の普通裁判籍が日本にある場合にも申立てが認められる（8条）。

「仲裁地」の決定

仲裁地とは，一般に，仲裁判断がされる地または仲裁手続の主要部分が行われる地と理解される。しかし，仲裁廷は確固たる所在地をもつとは限らず，複数の場所で審問や仲裁判断作成が行われることも稀ではないから，「仲裁地」を客観的に定めることは難しい。そこで仲裁法28条（令5法53改正後の30条）は，モデル法にならい，仲裁地は当事者が合意で定め，合意がないときは仲裁廷が決定するとした。他方において仲裁廷は，仲裁地以外の場所で手続を行うことも許されるから（同条3項），「仲裁地」と「審問手続地」は一致しないこともありうる。実際，国際競技大会でひんぱんに利用されるスポーツ仲裁裁判所のように，審問地のいかんにかかわらず，機関本部の所在地（スイスのローザンヌ）を仲裁地とする例もないではない。このように，「仲裁地」がいわば虚構的なものであってよいとすると，そこでの仲裁地法の適用を，当事者の（間接的な）準拠法選択に基づくものと見るか，仲裁地法への客観的連結と見るかは，説明の違いにすぎないと見ることもできよう。

グローバルな非国家法規範の役割

仲裁手続の規律は仲裁判断の効力に直接的影響を及ぼしうるため（例えば，仲裁人の公正性・独立性に関する事実の開示義務違反に基づく仲裁判断取消しが争われた事例として，最決平29・

12・12 民集 71 巻 10 号 2106 頁，大阪高決平 31・3・11 判時 2453 号 30 頁），それが仲裁地によって大きく異なるのは，利用者にとって望ましいことではない。そのため，国際法曹協会（IBA: International Bar Association）は，国際仲裁における証拠調べや利益相反に関するガイドラインを公表しており，これは実務的に大きな影響力を有している。

### ② 仲裁合意の準拠法

仲裁合意の準拠法の決定

国内仲裁の場合には，仲裁合意の有効な成立や解釈といった問題は当然に日本法で判断されることになる。しかし，【*Case*】①が示すように，国際仲裁の場合には，これらの問題をいずれの国の法で判断するかが問題となる。

仲裁合意は，売買契約や海上運送契約といった主契約の中で，その一条項（仲裁条項）として規定されることが多く，その場合，仲裁合意について，主契約と別に準拠法が定められることは稀である。しかし，それができないわけではなく，主契約と仲裁合意とは，互いに独立して準拠法指定の単位となる。また，仲裁法 13 条（令 5 法 53 改正後の 15 条）6 項によると，主契約の無効・取消しは仲裁合意の無効・取消しを当然にもたらすものではない（separability：仲裁合意の分離独立性）。

仲裁合意の有効性は，裁判所で訴訟提起された場合の妨訴抗弁の判断，仲裁廷の管轄判断，裁判所による仲裁手続への援助，仲裁判断取消し・執行といった局面で問題となる。仲裁法は，これらのうち，取消し・執行手続における仲裁合意の有効性判断につき，ニューヨーク条約およびモデル法に従い，第 1 次的に当事者

が合意した法，それがないときは仲裁地法によるとした（44条1項2号・45条2項2号〔令5法53改正後の46条1項2号・47条2項2号〕）。しかし，それ以外の局面について仲裁合意準拠法を定めた一般規定はなく，解釈上の問題が残る。

　例えば，日本の裁判所で訴えが提起されたが，外国で仲裁を行う合意があるという抗弁が被告から出された場合，この仲裁合意の有効性や効力はどの国の法で判断されるべきか。これに関しては，取消し・執行の場合と同様に扱うという考え方と，法適用通則法7条によるという考え方がある。しかし，どちらによっても，当事者が仲裁合意の準拠法を合意しておればそれが適用されるし（当事者の主張から黙示の準拠法選択合意の成立を認めた事例として，東京地判平25・8・23判タ1417号243頁），そうでなくとも主契約準拠法が明示的に合意されておれば，それによって仲裁合意の準拠法も黙示的に指定されていると解釈できよう（東京地判平26・10・17判タ1413号271頁）。当事者間に準拠法の合意がない場合，法適用通則法による立場では，仲裁合意と「最も密接な関係がある地の法」（8条）を捜すことになるが，これは通常，仲裁地法になるであろうから，結局，どちらの立場をとっても実際上の結果が大きく異なるものではない。仲裁法，国際私法ともに旧法下での事例であるが，次の判決も，主契約・仲裁合意の準拠法合意がなく，クロス式（被告地主義）の仲裁地合意だけがあったというケースにつき，仲裁地を基準として仲裁合意の準拠法を決定している。

リングリング・サーカス事件（最判平 9・9・4 民集 51 巻 8 号 3657 頁）

　日本法人 X 社は，米国法人 A 社との契約に基づき，A 社のサーカス団を日本に招いて興行を行ったが，それが不成功に終わったことから，A 社の代表者 Y の詐欺的行為により損害を受けたと主張して，日本の裁判所で不法行為に基づく損害賠償の訴えを提起した。これに対して Y は，本件興行契約には，契約の解釈・適用を含む一切の紛争を，仲裁を申し立てられた側の所在地の仲裁機関による仲裁で解決する旨の条項があるので，X が仲裁申立人となるべき本件紛争は，ニューヨークの仲裁機関に付託されるべきだと主張した。ニューヨーク州法によれば，XA 間の仲裁合意の効力は A の代表者 Y に対する不法行為請求にも及ぶが，日本法上はこのような解釈がとられていなかったため，仲裁合意の効力が及ぶ範囲をいずれの国の法によって判断するかが争われた。

　最高裁は，次の理由から Y の妨訴抗弁を認め，X の上告を棄却した。すなわち，「仲裁契約の成立及び効力については，法例 7 条 1 項（現在の法適用 7 条）により，第 1 次的には当事者の意思に従ってその準拠法が定められる」が，明示の合意がない場合には，「仲裁地に関する合意の有無やその内容，主たる契約の内容その他諸般の事情に照らし」黙示の意思を探求すべきである。本件では，「X が申し立てる仲裁に関しては，その仲裁地であるニューヨーク市において適用される法律をもって仲裁契約の準拠法とする旨の黙示の合意がされたものと認めるのが相当」であるから，「X の Y に対する本件損害賠償請求についても本件仲裁契約の効力が及ぶ」，と。

　なお，仲裁合意の効力承認は，ニューヨーク条約 2 条でも規定されている。これによると，「各締約国は，契約に基づくものであるかどうかを問わず，仲裁による解決が可能である事項に関する一定の法律関係につき……仲裁に付託することを当事者が約し

た書面による合意を承認」しなければならない。仲裁合意の成立・効力を判断する準拠法につき同条は明らかにしていないが，条約5条1項(a)は，仲裁法45条（令5法53改正後の47条）と同じく，仲裁の「合意が，当事者がその準拠法として指定した法令により若しくはその指定がなかったときは判断がされた国の法令により有効でないこと」を外国仲裁判断執行拒絶事由とするから，2条に基づく仲裁合意の承認にも同じ解釈が妥当すると見てよい。

仲裁合意の準拠法の適用範囲

仲裁合意が当事者間で有効に成立しているか，あるいはその内容・解釈といった問題は，仲裁合意の準拠法によって判断される。仲裁合意が当事者間に及ぼす効力やその主観的・客観的範囲，効力の発生時期や失効等の問題も同様である。

*Column* ㉜　国際仲裁の合意と弱者保護--------

　仲裁法附則3条・4条は，「当分の間」の措置として，将来の紛争に関する消費者・事業者間での仲裁合意につき消費者に一方的な解除権を与えるとともに，将来の個別労働関係民事紛争に関する仲裁合意を一律に無効とした。これらの規定が国際仲裁の合意にどう適用されるかは難しい問題である。

　まず，仲裁法の適用範囲規定を手掛かりにすることが考えられる。つまり，仲裁法3条は，日本に仲裁地がある場合に仲裁法が適用されるというから，附則もその対象に入ると見れば，附則3条・4条も日本が仲裁地である場合に適用される。これに対して，ここでの問題が仲裁合意の成立・効力問題だと見れば，仲裁合意の準拠法によるべきことになろう。もっとも，仲裁合意の準拠法と仲裁地法は通常一致するから，前説と違う結果になる場面は少ないと思われる。

　他方，いずれの見解においても，仲裁地が外国であったり外国法が仲裁合意準拠法になる場合には，内国の消費者・労働者をどう保

護するかが問題となる。外国法による弱者保護が十分でないときに，公序（法適用42条）に反するとしてその適用を排除し，日本法で弱者保護を図ることも考えられるが，保護の範囲が明確でないという問題があろう。他方，法適用通則法11条・12条は，国際契約での弱者保護につき特則をおくので，これを仲裁合意に類推適用することも考えられる。これによると，消費者仲裁合意の場合，消費者は，仲裁合意の準拠法によることもできるが，自分の常居所地である日本の仲裁法附則3条によって仲裁合意を解除することもできる。個別労働契約の労働者は，労務給付地である日本の仲裁法附則4条により，仲裁合意の無効を主張できることになろう。

当事者の一方が訴えを提起した場合，裁判所は仲裁合意の存在を職権で調査する必要はなく，他方当事者からの妨訴抗弁の提出をまって斟酌すれば足りる。その場合，被告が本案につき弁論を行った後でも抗弁を提出できるか，仲裁合意の存在を認めた場合に裁判所がいかなる処理をすべきかといった問題が生ずるが，これらは裁判手続上問題となる仲裁合意の訴訟法上の効果であるから，「手続は法廷地法による」の原則により，法廷地法で判断される。

**仲裁合意の方式・能力の準拠法**

口頭での仲裁合意締結が許されるか，それとも書面性が要求されるか（ニューヨーク条約2条1項，仲裁13条〔令5法53改正後の15条〕2項参照）といった仲裁合意の方式をめぐる問題は，従来の通説によれば，法適用通則法10条を類推し，仲裁合意の準拠法と仲裁合意締結地法の選択的適用によるとされてきた。仲裁法は，方式準拠法の決定について定めをおかないが，適用範囲規定である3条が13条を除外しないことからすれば，日本が

仲裁地になる場合には13条2項ないし5項の方式規定が適用され，それ以外の場合には解釈の余地が残ると見てよいであろう。

　他方，当事者が仲裁合意締結能力をもつかは，行為能力の問題として，自然人の場合は法適用通則法4条の類推によりその本国法，法人の場合は条理上その設立準拠法による（最判昭50・7・15民集29巻6号1061頁）。

| 仲裁可能性の準拠法 |

　身分関係事件のように当事者の自由処分が許されない事件については，仲裁による解決が禁止されることがある。このような仲裁可能性ないし仲裁適格（arbitrability）の問題については，いかなる範囲で私人による紛争解決を公認するかという司法政策を反映して，国により相違がある。例えば米国では，反トラスト法，特許法や証券取引法の適用に関する事件など，極めて広い範囲で仲裁可能性が認められるが，わが国では，原則として「当事者が和解をすることができる民事上の紛争」（仲裁13条〔令5法53改正後の15条〕）にしか仲裁可能性が認められない。そのため，国際仲裁では，仲裁可能性をいずれの国の法で判断するかが問題になる。

　仲裁法44条（令5法53改正後の46条）1項7号は仲裁判断取消しにつき，45条（令5法53改正後の47条）2項8号は仲裁判断の承認・執行につき，いずれも日本法で仲裁可能性を判断するとしている。妨訴抗弁や仲裁廷の管轄判断に際して仲裁可能性が問われる場合には解釈の余地が残るが，ここでも，仲裁法3条の文言からすると，少なくとも仲裁地がわが国にある場合には，13条（令5法53改正後の15条）1項によって仲裁可能性を判断すべきことになろう。

　日本の独占禁止法，米国の反トラスト法のように，各国は，事業支配力の過度の集中を防ぎ，自国市場における公正で自由な競争を確保するための公法的規制をおく。その違反に対しては罰則が設けられ，公正取引委員会や連邦取引委員会（FTC）といった公的機関が法執行にあたるが，最近の各国競争法は，被害者に損害賠償請求権を認め，違法な契約を無効にするといった形で，私法的な面からも法目的の達成をねらう傾向にある。そのため，仲裁条項を含む契約の当事者間で競争法違反が主張され，それが仲裁手続で判断できるかが問われることが少なくない。米国では，反トラスト法上の請求は仲裁できないという考え方が強かったが，1985 年の三菱自動車事件連邦最高裁判決（Mitsubishi Motors Corp. v. Soler Chrysler-Plymouth, 473 U.S. 614 (1985)）は，国際仲裁の奨励という政策を強調して仲裁可能性を認めた。これを契機として，欧州や日本でも，競争法に基づく私法的請求の仲裁可能性を認める考え方が一般化しつつある。もっとも，仲裁廷が，契約準拠法とは別に，どの国の強行法規をどのような形や範囲で適用すべきかについては，いまだ解明すべき点が多く残されている。

## ③　実体判断基準

　仲裁廷は，当事者が合意した法に準拠して実体判断を行う（仲裁 36 条〔令 5 法 53 改正後の 38 条〕1 項）。ここでいう「法」は，2 項にいう「国の法令」とは異なり，必ずしも国家法に限られず，未発効の条約や私的機関が作成した法律モデル，統一規則なども含む。学説上は，国際的な商慣習法を形成する非国家法を lex mercatoria と呼んで，国家の枠組みを超えた適用を考えようとする動きもある。わが国の裁判手続では，国際私法の解釈上，非

国家法の準拠法適格性は一般に認められないが，国内事件の規律を主眼におく国家法が国際取引紛争の解決に不適当なことも多い。また最近では，UNIDROIT 国際商事契約原則のように，国際契約紛争への適用を念頭におき，体系性を考慮して作られた私的な契約法規則も現われており，このような実体判断基準の柔軟性は国際仲裁の大きな利点になる。

　当事者による準拠法指定がない場合，仲裁廷は，紛争に最も密接に関係する国の法令を適用するが（仲裁 36 条〔令 5 法 53 改正後の 38 条〕2 項)，両当事者の明示的な求めがあれば，法によらず，衡平と善によって判断を行う（同条 3 項)。

## *3*　外国仲裁判断の承認・執行

　仲裁においては，当事者が仲裁判断で命じられた債務を任意に履行する率が高いといわれるが，任意履行がない場合には，どのような要件，手続の下で外国仲裁判断の効力を内国で認め，執行するかが問題となる。【*Case*】②の問題である。これについては，国内法のみならず，古くから二国間，多国間の条約による規整も多く行われてきたため，法源の適用関係が問題になるほか，そもそも外国仲裁判断の定義は何かなど，論じるべき点は多い。

### ①　法源とその相互関係

ニューヨーク条約とジュネーブ条約の関係

外国仲裁判断の承認・執行について規定する多国間条約であって，わが国が批准したものとしては，ジュネーブ条約とニ

ューヨーク条約がある（→1 ②）。両者の適用関係につき，ニューヨーク条約7条2項は，「締約国がこの条約により拘束される時から，及びその限度において」ジュネーブ条約は効力を失うとするから，両条約の適用対象となる仲裁判断の承認・執行についてはニューヨーク条約が優先する。このほか，外国仲裁判断の承認・執行について規定する多国間条約としては投資紛争解決条約（→1 ②, *Column* ⑤）があるが，これは投資紛争という特殊類型の仲裁を対象とするので，以下においては，ニューヨーク条約，二国間条約，国内法の適用関係を中心に説明しよう。

―――――――――
国内法と二国間条約の
関係
―――――――――

わが国においては，条約規定と国内法規定が競合する場合，条約中に特別な定めがない限り，一般に条約規定が優先するものとされており（憲98条2項），外国仲裁判断の承認・執行を規定する二国間条約はこのような特別の定めをおかないから，国内法に優先して適用される。

―――――――――
国内法とニューヨーク
条約の関係
―――――――――

ニューヨーク条約7条1項は，「この条約の規定は，締約国が締結する仲裁判断の承認及び執行に関する多数国間又は二国間の合意の効力に影響を及ぼすものではなく，また，仲裁判断が援用される国の法令又は条約により認められる方法及び限度で関係当事者が仲裁判断を利用するいかなる権利をも奪うものではない」とするため，これをどう解釈するかが問題となる。

　従来の多数説は，本条約は，仲裁判断の国際的承認・執行について課されうる制限の最大限度を定めたものであるから，他の国際条約や国内法は，この条約の規定よりも緩やかな要件を定める範囲内でのみ適用されるという。しかしながら，このような解釈

は7条1項の文言と整合しないし、いずれの承認要件がより緩やかかは判断が難しい場合もありえよう。したがって、この規定は、ニューヨーク条約が、当然に他の条約ないし国内法の規定に優先するわけではない旨を述べたにすぎず、外国仲裁判断の承認・執行を求める当事者は、ニューヨーク条約、国内法のどちらを選択することもできると解すべきであろう。

　いずれにせよ、仲裁法45条（令5法53改正後の47条）は、ニューヨーク条約の承認要件をほぼそのまま取り込んだ規定を導入したから、実際上、ここでの問題が争われることは考えにくい。

**ニューヨーク条約と二国間条約の関係**

ニューヨーク条約と二国間条約の関係についても、二国間条約はニューヨーク条約より緩やかな要件を定める場合にのみ優先適用されるとの見解が有力であるが、二国間条約に特別の定めがある場合を除き、当事者の選択権を認めてよいと思われる。

## 2  外国仲裁判断の概念

　裁判所という国家機関によらない紛争解決手段である仲裁においては、いずれの国にも属しない、超国家的な仲裁や仲裁判断も考えられないではないが、現時点ではそれは理論的可能性にとどまる。そのため、諸国の立法や学説は、仲裁判断の「国籍」を観念し、内国・外国仲裁判断を区別した上で、前者について内国で取消訴訟を認め、後者については内国で効力を承認し、執行力を与えるための要件を定めてきた。

　古い時期には、当事者自治を前提に、仲裁手続準拠法が外国法とされたものを外国仲裁判断と見る立場（準拠法説）と、外国仲裁地で下されたものを外国仲裁判断と捉える立場（手続地説）と

が拮抗していた。ニューヨーク条約は，この対立を考慮して折衷的解決を図っている。すなわち，1条1項前段は，手続地説の立場から，「承認及び執行が求められる国以外の国の領域内においてされ」た仲裁判断を条約の適用対象とするが，「承認及び執行が求められる国において内国判断と認められない判断」にも条約の適用を認めるため，承認国が準拠法説をとる場合には，そこで外国仲裁判断とされる仲裁判断にも条約が適用される。これは，仲裁判断の国際的執行の促進という大目的のために，仲裁判断の概念規定に拘泥しない姿勢を示すものであるが，モデル法の成立後，仲裁手続準拠法につき仲裁地法説をとる国が一般的になりつつあることを考えれば（→2①），その意義は薄れたといえよう。

　ここ半世紀間におけるニューヨーク条約の圧倒的成功は，条約5条が定める執行拒絶事由に，仲裁判断を国際的に執行するための普遍的条件という意味あいをもたせるに至った。また他方において，外国仲裁判断の執行拒絶事由，内国仲裁判断の執行拒絶事由，内国仲裁判断の取消事由の3者間には，必ずしも本質的相違がないことも認識されるに至ったため，モデル法はこれらをパラレルに扱っている。仲裁法45条（令5法53改正後の47条）もこれにならい，仲裁地が内国か外国かを問わず承認執行拒絶事由を規定した。

### ③　承認・執行の要件

被申立人が証明すべき事由

以下の承認・執行拒絶事由の存在については，被申立人が証明責任を負う（仲裁45条2項・46条7項〔令5法53改正後の47条2項・48条7項〕，ニューヨーク条約5条）。

①　仲裁合意が，当事者の能力制限により効力を有しないこと。ニューヨーク条約は，「その当事者に適用される法令により」無能力であったことと規定するが，この「法令」は承認国国際私法で決定される。わが国の場合，自然人については法適用通則法4条によるが，法人の仲裁合意能力は設立準拠法で判断される。

②　仲裁合意が，当事者が準拠法として指定した法（指定がないときは仲裁地国法）によれば，当事者の能力制限以外の理由で効力を有しないこと。

③　当事者が，仲裁人の選任手続または仲裁手続において，必要な通知を受けなかったこと。

④　当事者が，仲裁手続において防御することが不可能であったこと。外国仲裁手続において，相手方が期限内に仲裁人を選任しないため，仲裁条項の定めに従い申立人が選任した3名の仲裁人が仲裁判断を下した事例につき，相手方が「その利益を防禦する機会を不当に奪われたということはできない」として，ニューヨーク条約に基づく執行を認めた判決がある（大阪地判昭58・4・22判時1090号146頁）。

⑤　仲裁判断が，仲裁合意または仲裁手続での申立ての範囲を超える事項に関する判断を含むこと。ただし，これが他の部分から分離可能ならば，他の部分を承認執行することを妨げない。

⑥　仲裁廷の構成または仲裁手続が，仲裁地国法または当事者の合意に反していたこと。

⑦　仲裁判断が確定していないこと，または仲裁地国の裁判機関により取り消されたか効力を停止されたこと。ニューヨーク条約は，判断が「当事者を拘束するもの（binding）となるに至っていないこと」を拒絶事由とする。これは，ジュネーブ条約1条2

項(d)が，仲裁判断が「final」になったことを申立人の証明すべき要件としたため，実務上，判断国でも執行許可を得ることが求められ，執行の遅延を生じたことから，このような二重執行許可の不要性を明らかにするために導入された概念であり，内容的には日本でいう「確定」の概念に相当する。

仲裁判断の取消し・効力停止が申し立てられたがいまだ確定していないときは，裁判所は，仲裁判断の執行手続を中止できるほか，必要に応じて，被申立人に担保の提供を命じることもできる（仲裁46条〔令5法53改正後の48条〕3項，ニューヨーク条約6条）。

| 職権調査事項 |

①　仲裁手続における申立てが，日本法上，仲裁可能性のない紛争に関するものであること。

②　仲裁判断の承認が日本の公序良俗に反すること。日本の絶対的強行法規（→第3章2⑭「チサダネ号事件判決と公序要件」）に違反するような仲裁判断については，これが問題になりうる。

### ④　外国仲裁判断の執行をめぐる問題

| 執行決定の必要性 |

仲裁判断の承認については独立の手続を要しないが，執行については，外国判決の場合と同じく，裁判所が承認要件の充足を確認して執行を許す旨を宣言しなければならない。旧法は執行判決を要求していたが，執行手続の簡易・迅速化のため，仲裁法はこれを決定手続に改めた。ただし，口頭弁論または当事者双方が立ち会うことができる審尋期日を経なければならない（仲裁46条9項・44条4項〔令5法53改正後の48条9項・46条4項〕）。承認拒絶事由があれば申立ては却下され，なければ執行決定が行われる（仲裁46条〔令5法

53改正後の48条〕6項・7項)。執行決定が確定すれば,仲裁判断はこれと合体して債務名義になる(民執22条6号の2)。

## 外国執行決定に対する内国執行決定の付与

外国仲裁判断が仲裁地国で執行決定を受けたことは,わが国における仲裁判断執行の要件とはならない。他方,執行決定の付与は,仲裁判断が取消し不能な状態になったことを示すため,仲裁地国裁判所が執行決定を付与した場合に,この執行決定に基づいて内国で執行を求めうるかが争われる。アメリカ仲裁協会の仲裁判断を確認するカリフォルニア州裁判所判決につき,外国判決承認要件(民訴118条参照)を吟味して執行判決の付与を認めた判決があり(東京地判昭44・9・6判時586号73頁),学説上も,このような手法を認めるものが少なくない。しかし,執行決定は仲裁判断に執行力を与えるものであり,その効力は属地的なものにとどまる。また,執行の容易さや迅速性からしても,仲裁判断ではなく,あえて外国執行決定の執行によるべき必要性は乏しい。

## 仲裁地で取り消された外国仲裁判断の執行

モデル法を媒介とした仲裁法の緩やかな統一が進みつつある今日でも,仲裁判断の取消しについて,各国法間の相違が全く除去されたわけではない。そのため,仲裁地で取り消された仲裁判断につき,他国で執行が問題になることがある。ニューヨーク条約5条1項(e)は,締約国が外国仲裁判断の承認・執行を「拒否することができる」場合として,仲裁判断が「判断がされた国……の権限のある機関により,取り消された」ことをあげている。ここで条約が裁量的表現(may be refused)を用いたのは,仲裁判断の相互的執行促進のために,執行拒絶事由の可及的な制限が要請されたことに基づくが,反対解釈すると,拒絶事由の存在に

もかかわらず，締約国があえて外国仲裁判断を執行することは妨げられないことになる。また，ニューヨーク条約7条1項は，締約国国内法に基づく外国仲裁判断の執行を認めるから（→①），国内法によってこのような仲裁判断を執行する可能性もありえよう。そのため，米国やフランスでは，仲裁地で取り消された外国仲裁判断の執行を認めた判決も散見される。

　この問題については，承認の対象となる外国判決が判決国で効力をもつものに限られること（→第9章2）とのバランスから，仲裁地国で取り消された仲裁判断の執行は問題になりえない，との見方もある。しかし，取消しで「消された」はずの仲裁判断が他国で執行されるという奇妙な現象の背後には，司法の公正や独立が保障されない国で不当な仲裁判断取消しが行われうる，という事情がある。これに対処して国際仲裁の信頼性を保つには，仲裁判断取消判決を承認審査の対象とし，公序（民訴118条3号）に反する取消判決の効力を否定することが必要になりえよう。

# 第13章 国際家事手続

【*Case*】① 日本に居住する日本国籍のＸが，ドイツに居住する
ドイツ国籍のＹに対する離婚請求を日本の裁判所に提起した。
しかしこれに先立ち，ＹはドイツでＸに対する離婚請求をして
認容判決を得ていた。この訴訟においてはＸに対し公示送達が
なされていた。日本の裁判所はＸの提起した離婚請求につき国
際裁判管轄を有するか。

② ＸとＹは日本で婚姻した後米国に移住して米国に帰化した
（日本国籍離脱届未了）。Ｙの死亡後，Ｘは，無断でＹに日本方
式の協議離婚届を提出され，かつ，Ｙに遺棄されたため日本に
帰国したと主張し，検察官を被告として離婚無効確認の訴えを
提起した。この訴訟につき，日本は国際裁判管轄を有するか。

③ ＸとＹはロシアで婚姻し同居生活をしていたところＡが出生
した。ＡとＸが訪日後，ロシアに戻らなかったため，Ｙは子の
奪取の民事上の側面に関する条約の実施法26条に基づいてＡ
の返還の申立てをした。この事件は家事調停に付され，Ａを返
還する旨の条項を含む調停が成立したが，Ａがロシアへの渡航
を拒絶したため返還は実施されなかった。そこでＸは本件返還
条項を維持することが不当となったと主張して，実施法117条
1項に基づき返還条項の取消しを申し立てた。裁判所はどのよ
うな判断をすべきか。

# *1* 身分関係事件の国際裁判管轄（1）

●人事訴訟

## ① 改正以前の判例

　身分関係をめぐる裁判については，訴訟事件を規律する人事訴訟法と非訟事件を規律する家事事件手続法の，別立ての法制になっている。そしてこれらの事件に関する国際裁判管轄についても，「人事訴訟法等の一部を改正する法律」（平30法20。平成31年4月1日施行）で上記各法律の中に規定が新設された。この規定を整備するに当たっては，それ以前の最高裁判決が参照されたことは疑いない。そこでまず最高裁判決から見ておく。

> **最大判昭 39・3・25**

　最大判昭和39年3月25日（民集18巻3号486頁）は，夫婦とも外国籍（韓国籍）の当事者間の離婚訴訟における日本の国際裁判管轄が問題となったものである。事案は，元日本人であった原告（X）が昭和15年に中国上海市で朝鮮人である被告（Y）と婚姻し，朝鮮戸籍に入籍して同市で婚姻生活を続けていたが，昭和20年8月の終戦とともにYの本国である朝鮮に移り，その家族と同居していたところ，これに堪えずYの承諾の下に日本に帰国して15年を経過するもYからの音信はなく，その生死も不明の状態であったことから，韓国民法840条5号（配偶者の3年以上の生死不明），同6号（婚姻を継続しがたい重大な事由）に基づいてYに対し離婚の訴えを提起したというものである。

　最高裁は「離婚の国際的裁判管轄権の有無を決定するにあたっ

ても，被告の住所がわが国にあることを原則とすべきことは，訴訟手続上の正義の要求にも合致し，また，いわゆる跛行婚の発生を避けることにもなり，相当に理由のあることではある。しかし，他面，原告が遺棄された場合，被告が行方不明である場合その他これに準ずる場合においても，いたずらにこの原則に膠着し，被告の住所がわが国になければ，原告の住所がわが国に存していても，なお，わが国に離婚の国際的裁判管轄権が認められないとすることは，わが国に住所を有する外国人で，わが国の法律によっても離婚の請求権を有すべき者の身分関係に十分な保護を与えないこととなり（法例 16 条但書参照〔現法適用 27 条但書〕），国際私法生活における正義公平の理念にもとる結果を招来することとなる」とした。

　本判例は，国際的裁判管轄権の管轄原因として，被告住所地を原則とし，例外的に原告住所地が認められる場合を例示したが，遺棄という実体的概念を考慮要素としたことや「その他これに準ずる場合」の範囲が必ずしも明らかではなく，本国管轄についても言及がなかった等，なお問題は残されていた（最判昭 39・4・9 家月 16 巻 8 号 78 頁は，上記大法廷判決の基準を踏襲しつつも管轄権を否定した）。

**最判平 8・6・24** 最判平成 8 年 6 月 24 日（民集 50 巻 7 号 1451 頁）は，ドイツで Y（ドイツ国籍）と婚姻し，ドイツにおいて婚姻共同生活を営んでいた X（日本国籍）が，Y から同居を拒絶されたためドイツから未成年子（A）とともに日本に帰国して，ドイツには戻らない意思を表し，日本に居住していたところ，X がドイツに居住する Y に対して，日本の裁判所に離婚の訴えを提起したものである（訴状は司法共助

により送達された）。本件では，Yもドイツにおいて離婚の訴えを提起しており，そこではX・Yの離婚並びに親権者をYと定める判決が，本件訴訟の係属中に確定していた。しかしこのドイツ訴訟は，訴状等が公示送達によっていたため，Xの応訴はなされなかった。最高裁は本件における日本の裁判管轄を認めるに当たり，次のように判示した。

「離婚請求訴訟においても，被告の住所は国際裁判管轄の有無を決定するに当たって考慮すべき重要な要素であり，被告が我が国に住所を有する場合に我が国の管轄が認められることは当然というべきである。しかし，被告が我が国に住所を有しない場合であっても，原告の住所その他の要素から離婚請求と我が国との関連性が認められ，我が国の管轄を肯定すべき場合のあることは，否定し得ないところであり，どのような場合に我が国の管轄を肯定すべきかについては国際裁判管轄に関する法律の定めがなく，国際的慣習法の成熟も十分とは言い難いため，当事者間の公平や裁判の適正・迅速の理念により条理に従って決定するのが相当である。そして，管轄の有無の判断に当たっては，応訴を余儀なくされることによる被告の不利益に配慮すべきことはもちろんであるが，他方，原告が被告の住所地国に離婚請求訴訟を提起することにつき法律上又は事実上の障害があるかどうか及びその程度をも考慮し，離婚を求める原告の権利の保護に欠けることのないよう留意しなければならない」。「これを本件についてみると，……ドイツ連邦共和国においては，……判決の確定により離婚の効力が生じ，XとYとの婚姻は既に終了したとされている……が，我が国においては，右判決は民訴法200条2号（現民訴法118条2号）の要件を欠くためその効力を認めることができず，婚姻は

いまだ終了していないといわざるを得ない。このような状況の下では，仮に X がドイツ連邦共和国に離婚請求訴訟を提起しても，既に婚姻が終了していることを理由として訴えが不適法とされる可能性が高く，X にとっては，我が国に離婚請求訴訟を提起する以外に方法はないと考えられるのであり，右の事情を考慮すると，本件離婚請求訴訟につき我が国の国際裁判管轄を肯定することは条理にかなうというべきである」。

本判例は，昭和 39 年大法廷判決と同様，被告の住所地国を国際裁判管轄の原則としながら，例外的に原告の住所地国に裁判管轄権を認めるに当たり，原・被告間の関係で公平を図るのとは異なるドイツ判決の承認否定を考慮要素の 1 つと位置づけたことが特徴的である（原審が認めた国籍を管轄原因とする立場を最高裁はとっていない。さらに本判決は，日本において離婚の訴えを提起する以外の方法がないとしていることから緊急管轄を認めた事例という評価も可能である）。

### ② 現行法の規律

平成 30 年の改正法は，これらの判例を踏まえた上，これらにおいては考慮されなかった要素も加味して国際裁判管轄権を定めたものである。身分関係に関する法制として，前記のように日本は訴訟手続を定める人事訴訟法と家事非訟手続を定める家事事件手続法に分けて規律されているが，国際裁判管轄権についてもこれらの法律に各規定が置かれている。

## ③ 人事訴訟法

**原　則**

　人事に関する訴えにおける日本の国際裁判管轄権については，被告の住所が日本国内にあるときを原則とし，例外的に一定の要件の下，原告の住所が日本にあるときに認められる。すなわち，人事訴訟法3条の2は，1号で「身分関係の当事者の一方に対する訴えであって，当該当事者の住所（住所がない場合又は住所が知れない場合には，居所）が日本国内にあるとき」と定め，これを原則規定とする。これは上記昭和39年判決に倣ったものといえるが，被告の住所地を原則的な管轄原因とすることは，受動的な立場にある被告の手続的地位からいって当然のことといえる（民訴4条1項。ただし人事訴訟の国内事件においては，人訴法4条1項で原・被告の住所地を管轄原因としている）。したがって身分関係にある当事者の一方から他方に対する離婚請求などの人事訴訟では，まずもって被告の住所が管轄の基準となる。

**当事者双方が被告となる場合**

　第三者が身分関係の当事者双方に対して提起する訴え（親族や検察官などが提起する婚姻取消しの訴え，子による父母の協議離婚無効確認の訴えなど）については審理の対象となる身分関係の当事者双方を被告とするが，この場合の日本の国際裁判管轄について人訴法3条の2第2号は，「身分関係の当事者双方に対する訴えであって，その一方又は双方の住所（住所がない場合又は住所が知れない場合には，居所）が日本国内にあるとき」と規定する（なお1号・2号のように住所を管轄原因とすることは，民訴法3条の2に倣うものであるが，その立法に際しては，住所・居所の代

わりに常居所という概念を使うべきか議論された。しかし，これは採用されなかった）。当事者の他方が外国に住所を有する場合でも，一方の当事者が日本に住所を有するときには，日本で審理するための関連性があると考えられるからである。もしこの関連性が疑われ，外国に住所を有する被告に耐えがたい手続的不利益が及ぶ場合には，特別の事情による訴えの却下の規定が適用可能である（人訴3条の5）。住所の有無についての判断は，ある地に定着しているという客観的事実に基づくとする客観説を基準として行うことになる（他に，その地を生活の本拠とする意思を要すとする主観説もあるが，客観説が通説である）。

当事者の一方または双方が死亡している場合　死後認知の訴え，当事者の一方の死後に他方から提起される婚姻または離婚の無効確認など，身分関係の当事者の一方が死亡している場合の国際裁判管轄について，人訴法3条の2第3号は，「身分関係の当事者の一方からの訴えであって，他の一方がその死亡の時に日本国内に住所を有していたとき」に日本に国際裁判管轄があると規定し，被告の死亡時の住所を管轄原因としている。認知の訴えなど子の利益に係わる事件では子の住所地を管轄原因とすべきように思われるが，原告と被告の利害が対立する関係にあり，両者が対等な関係に立つ場面も想定されることから，子の住所地は管轄原因とされていない（3条の2第1号参照）。その理由が死後認知の訴えにも共通するほか，審理に必要な資料の調達の便宜など日本との関連性に着目した規定である（大阪高判平26・5・9判時2231号53頁参照）。

身分関係の当事者の双方が死亡した後の第三者から提起される，婚姻または離婚の無効確認，同様の親子関係の存否確認などの国

際裁判管轄について，同4号は，「身分関係の当事者の双方が死亡し，その一方又は双方がその死亡の時に日本国内に住所を有していたとき」に日本に国際裁判管轄があると規定する。ここでも適正な判断のための資料の調達の便宜といった日本との関連性に基づいている。以上が被告の住所を管轄原因とする原則的規定を定めたものである。

本国管轄

人訴法3条の2第5号は，「身分関係の当事者の双方が日本の国籍を有するとき」を日本の裁判所の管轄原因としている。いわゆる本国管轄の規定である。これは当事者双方が日本国籍を有する場合，日本に国際裁判管轄権を認めることが当事者の衡平に合致するほか，日本に近親者の住所があるなど日本との関連性を有していることが理由とされる。また，身分関係の当事者の双方がたとえ外国に共通住所を有する場合であっても，訴訟が戸籍訂正に係わる場合が考えられ，これを容易に行いうることも日本に管轄権を認める理由になる。離婚訴訟に関していえば，フィリピンなど離婚を認めない国に共通住所を有するときでも，日本人間の離婚を可能にする必要があるという理由も考えられる。したがって当事者が日本に住所を有していない場合でも，国籍のみを管轄原因にできることも本規定の存在意義となる（前出の最判平成8年判決が否定した，当事者の一方のみの本国管轄が採用されているわけではないことに注意する必要がある）。

最後の共通の住所に基づく管轄

人訴法3条の2第6号は，「日本国内に住所がある身分関係の当事者の一方からの訴えであって，当該身分関係の当事者が最後の共通の住所を日本国内に有していたとき」を日本の国際

裁判管轄権の管轄原因としている。たとえば離婚訴訟の場合，夫婦間でどのような婚姻生活を営んでいたのか，なぜそれが破綻するにいたったのか等を審理するに際して，最後の共通住所地に人的，物的証拠が存在することが多いと考えられること，すなわち日本との関連性が認められることや，被告に最後の共通住所地での応訴の負担を求めることが過大な要求とはいえないことに基づくものである。

原告住所地の管轄 人訴法3条の2第7号は，原告住所地を例外的管轄原因とする場合の規定である。すなわち「日本国内に住所がある身分関係の当事者の一方からの訴えであって，他の一方が行方不明であるとき，他の一方の住所がある国においてされた当該訴えにかかる身分関係と同一の身分関係についての訴えに係る確定した判決が日本国で効力を有しないときその他の日本の裁判所が審理及び裁判をすることが当事者間の衡平を図り，又は適正かつ迅速な審理の実現を確保することとなる特別の事情があると認められるとき」日本が国際裁判管轄権を有すると規定する。本号は，原告の住所地を管轄原因とすることはあくまでも例外であることから，これが当事者間の衡平や適正，迅速な審理の実現に資する「特別の事情」を必要とし，その例示として他方当事者の行方不明（例えば，相手方当事者とメールなどで連絡が取れる場合であっても，合理的な調査にもかかわらず，住所が不明確で送達ができないとき。反訴の国際裁判管轄が問われた事件として，名古屋高判平7・5・30判タ891号248頁）や，外国判決の不承認の場合（ただし，本号が緊急管轄を認めたとも評価される最判平成8年判決と同趣旨かは疑わしく，原告住所地を管轄原因とすることが妥当な場合には，緊急管轄を認める必要性がなくとも，本

号を適用可能と解すべきであろう）を挙げるという構造になっている（前掲の最判昭和39年判決の「遺棄」が例示されていないのは，遺棄がどのような場合を指すのか明確ではないことや，有責性の判断にも係わり，本案要件＝請求原因にも当たることから，これを管轄原因とすることを避けたことに基づく）。

### ④ 紛争の1回的（画一的）解決と国際裁判管轄権

国内事件においては，身分関係に関する紛争は，身分関係の早期の安定のため1回で解決することが望ましいことから（夫婦間の紛争における子の地位の安定の必要など），訴えの変更や反訴の提起を民事訴訟法の原則によらずに容易にすることが認められている（人訴18条1項）。これに対して国際的人事訴訟における管轄権については，被告の応訴の負担についての配慮も必要となることから，この要素を考慮した法規整がなされている。

すなわち日本の裁判所に係属した後の訴えの変更については，請求の変更後の人事訴訟について本来日本の裁判所に管轄権がない場合でも，「変更後の人事訴訟に係る請求が変更前の人事訴訟に係る請求と同一の身分関係についての形成又は存否の確認を目的とするときに限り」認められる（人訴18条2項）。また反訴に関しては，日本が反訴の目的である請求について管轄権を有しない場合でも，「本訴の目的である人事訴訟に係る請求と同一の身分関係についての形成又は存否の確認を目的とする請求を目的とする場合」（同条3項1号），人事訴訟に係る請求の原因である事実によって生じた損害の賠償に関しては，「既に日本の裁判所に当該人事訴訟が係属する場合」に提起することができる（同項2号）。この場合，本訴原告（反訴被告）に応訴の負担を課すことが

酷とはいえず，反訴原告との関係で衡平に悖るとはいえないからである。

### ⑤　関連請求の併合による管轄

国内事件でも認められている人事訴訟とその請求原因となる事実によって生じた損害賠償請求との併合管轄（人訴17条1項）が国際的人事訴訟においても認められるかについて，人訴法3条の3は，「一の訴えで人事訴訟に係る請求と当該請求の原因である事実によって生じた損害の賠償に関する請求（当該人事訴訟における当事者の一方から他の一方に対するものに限る。）とをする場合においては，日本の裁判所が当該人事訴訟に係る請求について管轄権を有するときに限り，日本の裁判所にその訴えを提起することができる」としてこれを認めている。ただし国内事件とは異なり，第三者に対する損害賠償請求の併合管轄は認められない（人訴法3条の3括弧書を参照）。第三者に応訴の負担を課すことが酷となりうるからである。

### ⑥　親権者，監護者の指定と国際裁判管轄権

国内事件の離婚や婚姻の取消しの訴えにおいて裁判所が請求を認容する場合，単独親権の建前をとる日本においては，親権者の指定が必要である（民819条2項・749条）。親権や子の監護に関する処分の管轄は，本来，家事事件の領域の問題であり，子の利益保護の観点から子の住所が管轄原因とされているが（家事3条の8），離婚等の管轄裁判所でこれを審理すべきかが問われる。これについて，人訴法3条の4は，離婚を審理する裁判所が，子の監護に関する処分や親権に関する管轄権を有すると規定してい

る。したがって親権者や監護者の指定のみならず，監護に要する費用（養育費）や面会交流に関しても，同じ裁判所が管轄権を有する。家庭の早期の安定を図るために，紛争の1回的解決をできるだけ実現しようとする趣旨をくみ取ることができる。しかし，子の置かれた客観的状況やその意向の調査の重要性はいうまでもないことであり，これができない場合には，親権，監護権に関する申立てのみ却下することもありうる（特に離婚前の別居時から行われうる面会交流は問題となりそうである）。さらに離婚等の請求と親権，監護権の判断が不可分に結びついているときには，離婚等の申立てを含めて却下することも考えられよう。

## ⑦　財産分与との関係

離婚等の請求に伴い附帯処分として財産分与が申し立てられることがあるが（人訴32条1項），これも婚姻関係の清算の問題として離婚等の請求と併合して審理されることが当事者にとって便宜である。もっとも国際的な事件においては，親権等とは異なり，家事事件手続法3条の12で定められた財産分与の管轄原因が存在する場合に併合管轄を認めている（人訴3条の4第2項）。財産分与については，必ずしも離婚等との同時的解決が常に要請されるわけではないため，財産分与の管轄原因との兼ね合いで併合を認めて当事者の便宜を図ることにしたものである。

## ⑧　特別の事情による却下

上に述べたような管轄原因が存在すれば，日本の国際裁判管轄権が認められるのであるが，事案によっては，証拠や証人（関係人）の所在が外国にあって，当事者間の衡平や適正，迅速な手続

という観点からいって，日本における審理が適切でないことがありうる。そこで人訴法３条の５は，「裁判所は，訴えについて日本の裁判所が管轄権を有することとなる場合においても，事案の性質，応訴による被告の負担の程度，証拠の所在地，当該訴えに係る身分関係の当事者間の成年に達しない子の利益その他の事情を考慮して，日本の裁判所が審理及び裁判をすることが当事者間の衡平を害し，又は適正かつ迅速な審理の実現を妨げることとなる特別の事情があると認めるときは，その訴えの全部又は一部を却下することができる」と規定している。例えば夫婦ともに日本国籍を有するため，日本が離婚請求に関する国際裁判管轄権を有する場合であっても（人訴３条の２第５号），外国暮らしが長く，日本との関連性が薄い場合には，証拠の所在との関係で日本において審理することが当事者間の衡平を害し，適正，迅速な審理をするのに適切でないことが考えられる。このような場合には，日本において審理を行うべきではない特別の事情があるとして訴えを却下することを可能にする趣旨である。

　もっともこの規定は裁判官に管轄に関する裁量的判断を委ねる英米法のフォーラム・ノン・コンヴェニエンス（→**Column** ⑧）とは異なり，要件に基づいて訴えを却下する権限を裁判所に与えるものである。日本は，比較的狭い範囲で管轄原因を定めているため，本条が頻繁に使われることは考えにくいが，管轄に関する予測可能性を害するような本条の使い方には戒心が必要である。

### ⑨　合意管轄ならびに応訴管轄

　財産事件に関する民訴法３条の７，同３条の８とは異なり，人事訴訟の国際裁判管轄については，合意管轄や応訴管轄は定めら

れていない。国際的人事訴訟を日本において審理すべきかは，日本との関連性の有無によって判断すべきであるからである。身分的法律関係の形成や確認といった人事訴訟事件は，社会の基盤をなす夫婦や親子といった家庭における紛争を対象とするものであるから，当事者の処分に委ねられる性質のものではなく，裁判所が客観的に適正な判断を迅速に行うためには，日本に関連性のない事件を扱うことは適切ではないことがその根拠である。もっとも原告の住所地を管轄原因とする特別の事情として被告が異議を留めずに応訴したことが考慮要素となることはありうるが，これは応訴管轄を認めることとは別の問題である。

## ⑩ 緊 急 管 轄

上記の管轄原因に該当性がないとして日本の裁判管轄権を否定すると，当事者が他国において訴えを提起する可能性が失われる場合には，裁判拒否に当たることになる。このような事態から当事者を救済するためには，日本の裁判所に管轄権を認める必要があり，これを緊急管轄という。人訴法に緊急管轄を認める規定は存在しないが，これは規定に落とし込むための要件の設定が難しいからであり，解釈（条理＝正義衡平の理念）としての緊急管轄を否定する趣旨ではない。日本の裁判所は，事案の具体的な事情に基づいて緊急管轄を認めるべきかの判断を個別に行うことになる。

## ⑪ 管轄権の標準時

管轄権に関する事項については，職権による証拠調べをすることができる（人訴29条1項，民訴3条の11）。管轄権の存否は職

権調査事項であるから，当事者の抗弁等の主張を要しない。管轄権を有するか否かの判断の標準時は，訴え提起時である（人訴29条1項，民訴3条の12）。したがって訴え提起後に管轄原因に当たる事実に変更が生じたとしても，そのことが管轄権の有無に影響を与えることはない。

## ⑫　民 事 保 全

平成30年改正前の人訴法30条1項は，民保法11条の規定を適用しないとしていたが，これは平成23年民訴法の改正による財産事件の国際裁判管轄規定の整備を受けたものであり，当時，規定がなく条理によっていた国際的人事訴訟における民事保全には，民保法11条は適用されないとしていたものであった。その後，平成30年人訴法の改正により，国際裁判管轄の規定が人事事件においても整備されたことから，財産事件と同様の規定を設けることに支障がなくなった。そのため民保法11条の適用排除の必要がなくなり，これが人訴法30条1項の改正へとつながったわけである。

国際的人訴事件における民事保全は，民保法11条により，①日本の裁判所に本案の訴えである人事に関する訴えを提起することができるとき，②仮に差し押さえるべき物もしくは係争物が日本国内にあるときに，本案の管轄裁判所である日本の家庭裁判所が保全事件を管轄する（人訴30条1項）。例えば離婚に伴う親権者の指定の裁判に関する本案の管轄権が日本にあるケースにおいて，子の引渡請求権を被保全権利とする子の監護に関する民事保全（仮の地位を定める仮処分）や離婚請求自体の管轄権が日本にない場合でも，財産分与の対象となる財産が日本国内に所在すると

きには，財産分与請求権を被保全権利とする仮差押えなどについて日本の家庭裁判所が管轄権を有する。また関連損害賠償請求権を被保全権利とする仮差押えの保全命令の申立てについて，仮に差し押さえるべき物または係争物の所在地が日本国内にあれば，日本の家庭裁判所が保全命令に関する管轄権を有する（人訴30条2項）。

# 2 身分関係事件の国際裁判管轄 (2)

●家事事件

## 1 国際的裁判管轄規定の構造

家事非訟事件は基本的に家事事件手続法においてその手続を定めているが，国際的な家事事件の裁判管轄権についても，この法律に規定が置かれている（3条の2～3条の15）。規定の構造として共通の性質を有する事件類型（単位事件類型）ごとに管轄原因を定めるという方法をとっている。もっとも家庭裁判所が扱う審判事件のすべてについて国際裁判管轄権の規定が整備されたわけではない。以下について，管轄権の有無は依然として条理（解釈）によって判断される。①児童福祉制度や生活保護といった行政上の措置に関する審判事件，②氏や名の変更といった戸籍簿の記載の変更に関する審判事件，③夫婦財産契約による財産の管理者の変更等の審判事件（個別の事件において適切な判断がなされるべきもの），④外国裁判所でなされた成年後見の開始の審判が日本で効力を有することを前提とする（この点については議論があり意見が分かれている），成年後見人の辞任についての許可や成年後

見の事務の監督等に関する審判事件などである（後見人の選任に関する管轄は明文化されていない）。

以下では，叙述をいくつかの単位事件類型に絞って行うことにする。

### ② 後見開始の審判事件，失踪の宣告の審判事件

これらについては，法適用通則法で国際裁判管轄権が規定されているところである。同5条は，後見開始の審判等について，成年被後見人，被補佐人，被補助人となるべき者が日本に住所もしくは居所を有するとき，または日本の国籍を有するときに，わが国の国際裁判管轄権を認めている。また失踪の宣告の審判について，同6条で不在者が生存していたと認められる最後の時点で日本に住所を有していたとき，または国籍を有していたときに日本の裁判管轄権があるとする。これらをあらためて家事事件手続法に移して規定を一本化することは行われていない。規定の一覧性による分かりやすさという意味では検討課題であろう。

### ③ 養子縁組の許可に関する審判事件等の管轄権

養子縁組についての許可の審判（許可審判）および特別養子縁組の成立の許可の審判（特別養子縁組の成立の手続は，令和元年の「民法等の一部を改正する法律」による改正にともない，特別養子適格の確認の審判と特別養子縁組成立の審判の2段構えの手続になっており，それぞれの申立てを要する。家事164条・164条の2）について，家事事件手続法3条の5は，養親となるべき者または養子となるべき者の住所を管轄原因と定めている。養子縁組の許可に当たっては，養親となるべき者の適格性，養子となるべき者の監護

状況，発達の程度や意向を調査して判断するのが通常である（養子縁組の形をとった人身売買ではないことの確認が必要となることもある）。したがって適正な判断のために資料が存する生活の本拠地であるいずれかの住所地を管轄原因とすることが適切と考えられる。

### ④　特別養子縁組の離縁の審判事件の管轄

特別養子縁組の離縁事由として，民法817条の10は，養親による虐待，悪意の遺棄等を挙げている。そこでは養子と養親の対立関係（紛争の存在）が想定されるため，本申立てにおいては相手方の手続保障が必要となる。このような事態を念頭に置き，家事事件手続法3条の7は，日本の裁判所の管轄原因として，①養親の住所・居所が日本にあるとき，②養子の実父母または検察官からの申立ての場合，養子の住所・居所が日本にあるとき，③養親および養子が日本の国籍を有するとき，④日本国内に住所がある養子からの申立ての場合，養親および養子の最後の共通の住所が日本にあるとき，⑤申立人である養子の住所が日本にあるときについては，日本の裁判所が審理および裁判をすることが養子と養親との間の衡平をはかり，または適正かつ迅速な審理の実現を確保することとなる特別の事情があるときを挙げ，⑤の例として養親が行方不明のとき，養親の住所がある国においてされた離縁に係る裁判が日本国で効力を有しないときを挙げている。このうち①については，申立人である養親は含まれない。そもそも養親は特別養子縁組の離縁の審判の申立人となることができないことと（民817条の10第1項柱書），前述のように養親の手続保障に配慮した管轄原因が定められているからである。②～④までの管轄

原因はいずれも，保護の対象としての養子の手続的利益と養親の利益との衡平の観点の下で定められたものであり，⑤は申立人である養子の権利保護のため，特別の事情があるときに，養親と養子間の衡平を図り，適正かつ迅速な審理の実現を確保するため養子の住所を管轄原因に挙げるものである。

養子縁組の離縁事件において外国法が準拠法となるときの普通養子縁組か特別養子縁組かの区分けについては，養子縁組によって実親との関係が断ち切られるのか継続するのかが基準となろう。

### ⑤ 親権に関する審判事件等の管轄権

親権者の指定，虐待等による親権の喪失，子の監護に関する処分の審判事件（子の引渡しに関する紛争はこれに含まれる），親権を行う者につき破産手続が開始された場合における管理権喪失の審判事件については，子の住所・居所を管轄原因とする（家事3条の8）。子の福祉や利益の観点から審理するためには，子の生活状況や意向についての十分な調査が必要であるから，子の住所または居所をもって管轄原因とすることが適切と考えられる。もっとも離婚等の訴えに伴う親権者，監護権者の指定，子の監護に関する処分については，人事に関する訴えについての管轄が認められれば，当該裁判所で審理される（人訴3条の4第1項）。また子の監護にかかる費用（養育費）については，扶養権利者と扶養義務者の利害の対立がありうることから，債務者の手続保障も勘案する必要がある。したがって本条ではなく，扶養に関する家事事件手続法3条の10が適用される。

## ⑥ 扶養義務に関する審判事件の管轄権

夫婦，親子その他の親族関係から生ずる扶養の義務に関する審判事件については，扶養義務者であって申立人ではない者または扶養権利者の住所・居所を管轄原因とする（家事3条の10）。上記の関係における扶養のための金銭的負担を誰がどの程度負うのかの問題であるから，権利者と義務者間の利害の対立がありうる事件類型であり，義務者の手続的利益に対する配慮を要することが，上記のような管轄原因が定められた根拠である。また父母の離婚等に伴う養育費請求の申立てにおいては，子の資力等の観点からその手続的負担等に鑑みて扶養権利者の住所または居所を管轄原因としている。

## ⑦ 養子の離縁後に未成年後見人となるべき者の選任の審判事件等の管轄権

未成年後見については，家事事件手続法3条の9で「未成年被後見人となるべき者又は未成年被後見人の住所若しくは居所」を管轄原因と定めている。本条も，成年後見等の国際裁判管轄に関する法適用通則法5条と同様に，後見人の選任の審判事件に関する規定のみを置いていて，未成年後見人の辞任の許可の審判といった事件類型については規定していない。その理由は，辞任は時系列的には選任を前提とするものであるが，外国における未成年後見開始の審判（裁判）が日本において効力を有するかについては議論があって意見が分かれているところ（筆者は，家事事件手続法79条の2の要件を満たす場合に承認を認める＝承認説を妥当とする），いずれかの見解を前提にして規定を置くことが躊躇われ

たからである。

## ⑧　相続に関する審判事件の管轄権

　家事事件における相続に関する審判事件としては，遺産分割事件が考えられる（遺留分に関する事件は通常の民事訴訟事件に属する。民訴3条の2以下）。家事事件手続法3条の11は，1項で，①相続開始時における被相続人の住所（最後の住所），②住所がない場合または住所が知れない場合には居所，③居所がない場合または居所が知れない場合には相続開始の前に被相続人が有していた住所（日本国内に最後の住所を有していた後に外国に住所を有していたときを除く）を管轄原因としている。これらの管轄原因は相続に関する証拠等の存在の可能性が高いことに基づくものである。

　本条は，相続財産の所在地をもって管轄原因とする立場を採用していない。これを採ると相続財産が国を異にして存在している場合，複数の管轄権を認めることになって混乱するからである。もっとも日本に相続財産が存在する場合，相続財産の管理に関する処分の審判を要することがありうることから，この場合には相続財産に属する財産が日本国内にあるときは，日本の裁判所が管轄権を有すると規定している（家事3条の11第3項）。

　遺産分割の審判に限っていえば，当事者間の処分が可能であることから，日本で審判する旨の合意があれば，日本の裁判所が管轄権を有するとする（同条4項）。この場合には，財産権上の訴えに関する民訴法3条の7第2項から4項までを準用すると規定されている（同条5項）。

## ⑨　財産分与に関する処分の審判事件の管轄権

　財産分与は離婚や婚姻取消しに伴い婚姻関係の清算を行う手続であるが，日本との関連性の見地から，①夫または妻であった者の一方からの申立てであって他方の住所（住所がない場合または住所が知れない場合は居所）が日本にあるとき（家事3条の12第1号），②夫であった者および妻であった者の双方が日本国籍を有するとき（同条2号），③日本国内に住所がある夫または妻であった者の一方からの申立てであって，夫であった者および妻であった者が最後の共通の住所を日本国内に有していたとき（同条3号），④日本国内に住所がある夫または妻であった者の一方からの申立てであって，日本の裁判所が審理，裁判をすることが当事者間の衡平を図り，または適正かつ迅速な審理の実現を確保することとなる特別の事情があると認められるとき（同条4号）に，日本の裁判所に管轄権があるとする。④の例として他の一方が行方不明であるときや他の一方の住所がある国においてされた財産分与に関する確定裁判が日本で効力を有しないときが挙げられている。

## ⑩　家事調停事件の管轄権

　家事調停に関して日本が管轄権を有するのは，①調停事項についての訴訟事件または家事審判事件に関して日本が管轄権を有するとき（家事3条の13第1項1号），②相手方の住所（住所がない場合または住所が知れない場合は居所）が日本国内にあるとき（同項2号），③当事者が日本の裁判所に家事調停の申立てをすることができる旨を合意したとき（同項3号）である。③については，

民訴法 3 条の 7 第 2 項，3 項を準用する（家事 3 条の 13 第 2 項）。離婚や離縁以外の人事訴訟については，公益性の観点から当事者の任意の処分に適さないため，調停を成立させることができず，合意に相当する審判を行うことになるが，これは簡易な人事訴訟の役割を果たすものであることから，本条 1 項 1 号の規定のみ適用される（同条 3 項）。離婚，離縁の調停申立ても人事訴訟事項であるが，協議離婚や離縁が認められていることが示すように，当事者の処分に服することから，1 号の管轄原因に限る必要はない。以上の管轄原因に基づいて家事調停を行うに当たっては，調停に代わる審判（家事 284 条）も行うことができるかが問題となるが，これは肯定的に解されている。

### Ⅱ　特別の事情による却下

　国際的人事訴訟と同様の理由で，家事事件においても，日本の裁判所が審理・裁判することが適正，迅速な審理を妨げ，また衡平を害する特別の事情があると認めるときは，裁判所は，その申立ての全部または一部を却下することができる（家事 3 条の 14）。

　平成 30 年改正法は，国際的二重起訴の場合の処理について規定の整備を見送ったが，外国の裁判所にすでに同一身分関係に関する家事事件が係属している場合，家事事件手続法 3 条の 14 により申立てを却下するに当たっての「その他の事情」として考慮されることがあることは，財産上の事件（民訴法 3 条の 9 ですでに議論されているところ）と同様であろう（→第 3 章 *1* ⑤）。

# **3** 身分関係に関する外国裁判の承認・執行

本項では，身分関係の裁判に限定して，外国裁判の承認と執行を取り扱う。

## ① 外国裁判の承認

身分関係に関する外国裁判の承認について，かつては承認要件を日本の国際私法が定める準拠法によっているか否かを基準に判断するアプローチ（準拠法アプローチ）と民訴法118条の適用ないしは類推適用のみにより，その効力を承認するアプローチ（承認アプローチ）とが対立していたが，平成30年改正前から後者が通説，判例（前記最判平8・6・24）となっていたところ，改正法でも承認アプローチが採用された。

すなわち人訴事件については人訴法に特に規定を設けず，民訴法118条の適用によって処理され，家事事件については，家事事件手続法79条の2で「外国裁判所の家事事件についての確定した裁判（これに準ずる公的機関の判断を含む。）については，その性質に反しない限り，民事訴訟法第118条の規定を準用する」とされている。外国確定裁判について日本では，民訴法118条の要件を満たす限り，自動承認の制度がとられているので，離婚や離縁といった形成裁判や親子関係の存否確認などの確認裁判，子の引渡しや養育費の支払いを命ずる給付裁判は，特別な手続を経ることなく効力を生じる。

| 家事事件手続法 79 条 の 2 の解釈 | 家事事件の裁判の承認については，家事事件手続法 79 条の 2 に「確定した裁判（これに準ずる公的機関の判断を含む。）」 |

とある。「確定」は判断の終局性（不服申立てができないこと）を意味することについては財産事件と同様であるが，本条に関しては，①何をもって家事非訟裁判といえるか（承認適格性），②括弧書の意味等が問題となる。

　①については，訴訟と非訟の違いを明確にすることは難しく，外国裁判が上記の単位事件類型のいずれかに当てはまるかを一応の基準とすることになろう。また日本の家事調停調書のようなものがこれに当たるかも問題となる。日本の家事調停は，調停委員に裁判官が加わり（裁判官単独の場合もある），成立の結果作成される調書の内容の相当性チェックが行われた上，確定判決と同一の効力を有し（家事 268 条 1 項），債務名義となる（民執 22 条 7 号。外国裁判に当たる場合には同条 6 号）。したがってこれに準じる外国調停調書には，家事事件手続法 79 条の 2 が適用されると解される（実際は個別の実質的判断によるが，単なる合意＝法的手続を経ない法律行為や事実行為は含まれない）。②については，養子縁組に関する中国の「中国収養中心（中国養子縁組センター）」や離縁の判断をするデンマークの行政機関，扶養料の支払いを命ずるアメリカ，オーストラリアの行政機関などが挙げられる。

*Column* ㉞　家事裁判の承認要件-------------------------------

　家事事件手続法 79 条の 2 によって準用される民訴法 118 条には，1 号から 4 号までの承認要件が規定されている。かつては家事事件の承認要件として，1 号と 3 号のみが適用されるとする見解が存した。家事非訟事件には，当事者間の対立構造をとるものもあれば，

失踪の宣告等の対立当事者が想定できない類型も存在することから2号の適用に適さないものがあり、また4号の相互保証を適用して承認しないことになると身分関係について画一性を欠く結果となることが理由である。しかし全面適用説が通説、判例（最判平成8年参照）であった（4号の相互保証についても財産権上の裁判と家事事件の裁判で本質的な違いはないから、後者であえてこの要件を外す根拠がないとされた）。平成30年改正法は、全面適用説に立ちながら、「その性質に反しない限り、民事訴訟法第118条の規定を準用する」と規定して、多様な事件の性質に応じた柔軟な処理を可能にしている。

## ② 外国裁判の執行

**執行判決の管轄**　子の引渡しや養育費の支払いなど給付を命じる外国裁判が、たとえ決定や命令という形でなされ、それに見合った手続によるとしても、相手方の手続権が保障された上で終局的に確定したものであれば、債務名義となることを否定する必要はない（最判平10・4・28民集52巻3号853頁は、香港高等法院の訴訟費用に関する命令に執行判決を認めた）。その裁判について強制執行をするに際しては、確定した執行判決を得て債務名義（執行名義）とする必要がある（民執22条6号）。その場合執行判決をする管轄裁判所としては、家事事件の審理についての配慮に関して経験知を有する家庭裁判所がふさわしい。執行判決の管轄は、財産関係については地方裁判所、身分関係については家庭裁判所に分属するが（民執24条1項）、区別の不利益を当事者に負担させないため、管轄違いがあっても、申立てを受けた地方裁判所または家庭裁判所は、当該訴えに係る訴訟の全部または一部について自ら審理および裁判をすることが

できる（同条2項・3項）。

**執行判決手続**

判決手続で行われる執行判決手続においては，当該身分関係事件の外国裁判が（家事事件手続法79条の2で準用される）民訴法118条の要件を満たしているかについて審理され，要件を欠くときは訴えが却下され（民執24条5項），要件の存在が認められるときは，強制執行を許す宣言がなされる（同条6項）（→第9章***4***）。

**債務名義成立後の事情変更**

執行判決訴訟において，債務名義成立後の事情の変更を主張して却下の申立理由とすることができるかが問題となる。これは執行判決訴訟における基準時をどの時点に設定するかの問題といえるが，これを執行判決訴訟の口頭弁論終結時として，債務名義成立後の事情の変更に対応することを認める見解が有力である。債務名義成立後に事情変更があった場合，本来は起訴責任の分担に鑑みて債務者から執行力排除に向けて訴え提起すべきである。しかし執行判決前には債務名義の完成がないため請求異議の訴えを提起することができず（民執22条6号・35条），他に調停や審判の申立てによるといっても，日本にその裁判管轄権がないときは事情変更を主張する場面がないことを考えると，執行判決訴訟において事情変更を抗弁として主張することを認めるのが妥当であろう（→第9章***3***③も参照）。

# *4* ハーグ子奪取条約（ハーグ条約）

## ① ハーグ条約加盟の経緯と条約の趣旨

国際結婚をして子を持つ親の一方が，婚姻関係の破綻に伴い，子を出身国等に連れ去る場合（連れ去り親，Taking Parent（TP）），これがそれまでの居住環境から引き離される子の利益や福祉に反し，また他方の親（Left Behind Parent（LBP））の監護権の侵害になることが考えられる。TP が連れ去った国の裁判所で単独の監護権を取得する場合，さらにはその国の裁判所が婚姻や親子関係に関する紛争の国際裁判管轄権を取得することになれば，LBPの手続保障を侵害する形で連れ去りが正当化されかねない。それでは公正を欠いた結果を是認することになるため，これを防ぐ必要がある。このような事態に対処するため，1980 年ハーグ国際私法会議第 14 会期において「国際的な子の奪取の民事上の側面に関する条約」（Convention on the civil Aspects of International Child Abduction，以下では「ハーグ子奪取条約」「条約」と略す）が採択され，1983 年に発効した。

日本も種々の議論の末，平成 25（2013）年 5 月 22 日に国会の承認を受け，これに加盟するにいたった（平成 26 年 1 月 24 日に署名および受諾書寄託，同 1 月 29 日に公布〔条約 2 号および外務省告示 33 号〕）。同時に，この条約を実施するための法律（国際的な子の奪取の民事上の側面に関する条約の実施に関する法律，以下「実施法」と略す）も平成 25 年 6 月 12 日に成立，同 19 日に公布され（法律 46 号），平成 26 年 4 月 1 日から施行されている（令和元年

に改正され〔法律2号〕，令和2年4月1日より改正法が施行されている）。

ハーグ子奪取条約・実施法は，国境を越えて子の連れ去り等が行われた場合，監護権等の存否の争いは別にして，迅速に子を常居所地国に返還することを定めることにより，不法な連れ去りや留置を防ぐことをその趣旨とするものである。

### ② 子の返還等の制度の起動

ハーグ子奪取条約および実施法は，16歳未満の子（条約4条）の「不法な連れ去り又は不法な留置」（その意味するところは，「常居所地国の法令によれば，監護の権利を有する者の当該権利を侵害する連れ去り〔留置〕であって，当該連れ去り〔留置の開始〕の時に当該権利が現実に行使されていたもの又は当該連れ去り〔留置〕がなければ当該権利が現実に行使されていたと認められるもの」である。実施2条6号・7号）がなされた場合，子をその常居所地国へ速やかに返還すること（条約1条a），また一の締約国の法令に基づく監護の権利および接触（面会）の権利が他の締約国において効果的に尊重されること（同条b）を目的とする（実施1条）。

類型としては，日本へ不法に連れ去られた子を常居所地国へ返還するもの（外国返還援助，インカミング事案）と日本から不法に連れ去られた子を常居所地国である日本へ返還するもの（日本国返還援助，アウトゴーイング事案）とがあるが，いずれについてもその返還等の申請は，日本の中央当局（外務大臣，実施3条）に対してすることができる。申請を受けた中央当局（外務大臣）は，状況に応じて，子の所在の特定のための調査や情報提供（同15条），返還のための友好的な解決方法の検討，司法上の手続の開

始のための援助，その間の暫定的な措置など迅速に適切な措置や処理等を行わなければならない。すなわち事案が合意で解決できる見込みのあるものか，裁判に適合するものかの振り分けを行い，それに応じた適切な援助をすることになる。

　また申請者は，日本の家庭裁判所に常居所地国への返還を命ずるよう申立てをすることができる（実施26条）。なお，家庭裁判所による返還の手続が開始されても，中央当局としては任意の返還に向けての措置を執ることができる（条約10条）。子の返還のための手続は，迅速に行われなければならず，関係する司法当局または行政当局が手続開始の日から6週間以内に決定を行うことができない場合には，申請者は，遅延の理由を明らかにするよう要求する権利を有する（同11条）。

### ③　子の返還に関する事由

子の返還事由　　日本国への連れ去りまたは留置によって，子についての監護権を侵害された者は，日本において子を監護している者（TPとは限らない）を相手方として，家庭裁判所に返還の申立てをすることができる（実施26条）。審理の対象となる子の返還事由は，①子が16歳に達していないこと，②子が日本国内に所在していること，③常居所地国の法令によれば，当該連れ去りまたは留置が申立人の有する子についての監護権利を侵害するものであること，④当該連れ去りの時または当該留置の開始の時に，常居所地国が条約締結国であったことであり，これらの事由が認められるときは，裁判所は子の返還を命じなければならない（実施27条）。

| 子の返還拒否事由 | 裁判所は，以下の事由のいずれかがある場合には，返還を命じてはならない。た |

だし，①から③または⑤に掲げる事由がある場合であっても，一切の事情を考慮して常居所地国に子を返還することが子の利益に資すると認めるときは，子の返還を命ずることができる（実施28条。⑤に関して，但書が実際に適用された事例として，後出の最決平29・12・21の原審である大阪高決平29・2・17（平成29年(ウ)21号）参照）。

① 子の返還の申立てが当該連れ去りの時または当該留置の開始の時から1年を経過した後になされたものであり，かつ，子が新たな環境に適応していること

② 申立人が当該連れ去りの時または当該留置の開始の時に子に対して現実に監護の権利を行使していなかったこと（当該連れ去りまたは留置がなければ申立人が子に対して現実に監護の権利を行使していたと認められる場合を除く）

③ 申立人が当該連れ去りの前もしくは当該留置の開始の前にこれに同意し，または当該連れ去りの後もしくは当該留置の開始の後にこれを承諾したこと

④ 常居所地国に子を返還することによって，子の心身に害悪を及ぼすことその他子を耐えがたい状況に置くこととなる重大な危険があること

⑤ 子の年齢および発達の程度に照らして子の意見を考慮することが適当である場合において，子が常居所地国に返還されることを拒んでいること

⑥ 常居所地国に子を返還することが日本国における人権および基本的自由の保護に関する基本原則により認められないもので

あること。

　もっとも頻繁に主張されることが予想される④の事由について２項に定めがあり，⑴常居所地国において子が申立人から身体に関する暴力その他の心身に有害な影響を及ぼす言動（「暴力等」）を受けるおそれの有無，⑵相手方および子が常居所地国に入国した場合に，相手方（現在，子を監護する者）が申立人から，子に心理的外傷を与えることとなる暴力等を受けるおそれの有無，⑶申立人または相手方が常居所地国において子を監護することが困難な事情の有無，その他一切の事情を考慮して④の事由が適用されるかが判断される（実施28条２項１号～３号）。ハーグ子奪取条約13条並びに20条よりも立ち入った規定をしているのは，返還拒否事由を明確にすることによって，裁判規範の明確性や予測可能性を与えるためである。なお，⑵の奪取先において相手方が申立人から暴力を受ける可能性は，それ自体が返還拒否事由となるのではなく，子の面前で相手方が暴力を受けることによって，子の心身に害悪を及ぼすかが考慮されるべき事情として挙げられている。また上記⑶の事由は，親（LBP）にアルコールや薬物依存がある場合や，子が常居所地国に戻ると親（TP）が逮捕・訴追される等の事情が想定されている。

　ハーグ子奪取条約は返還手続の中で子の監護に関する本案の審理をすることを禁じているが（条約16条・19条），実施法では，すでに日本において子の監護に関する裁判があったこと，または外国においてされた子の監護に関する裁判が日本で効力を有する可能性のみを理由として，子の返還の申立てを却下する裁判をしてはならないとして，条約の趣旨を貫徹しようとしている（実施28条３項。同項但書は，これらの子の監護に関する裁判の理由を子の

返還の申立てについての裁判において考慮することは妨げないとする）。

## 4 子の返還手続の概要

管轄と調査

子の返還事件の職分管轄は家庭裁判所にある。また土地管轄については，子の住所地を管轄原因として，東京家庭裁判所と大阪家庭裁判所を管轄裁判所とし（実施 32 条 1 項），日本国内に子の住所がない場合または住所が知れない場合であって，日本国内に子の居所がないときまたは子の居所が知れないときは，東京家庭裁判所の管轄とされる（同条 2 項）。手続は，家事審判手続と同様に規律されているが，子の利益やプライバシー保護の観点から非公開で行われ，資料収集については職権による事実の調査，証拠調べなど，職権探知主義による（同 77 条 1 項）。その際，家庭裁判所調査官に事実の調査をさせることができる（同 79 条 1 項）。これにより子の意思の把握や心情等への配慮，充実した手続に向けての環境整備が期待される。

子の手続関与

子の手続関与に関しては，返還を求められている子自らが手続に参加することができ（実施 48 条 1 項），また裁判所が相当と認めるときは，職権で，子を参加させることができる（同条 2 項）。これにより子は手続参加の機会が与えられるが，場合によっては子自身による手続行為が困難であることも考えられる。その場合裁判長は，申立てまたは職権で弁護士を手続代理人に選任することができる（同 51 条 1 項・2 項）。しかしこの制度は子の意思能力を前提とするものであるため，それが欠如する事案ではこれを使うことはできな

い（いわゆる「子ども代理人」の制度はない）。さらに家裁調査官による調査その他適切な方法により子の意思の把握に努め，終局決定をするに当たり，子の年齢および発達の程度に応じてその意思を考慮しなければならないとされている（同88条）。

審理の終結と終局決定

当事者は手続においていつまでに何をしなければならないかの見通しを立てる必要があるが，これを可能にするため相当の猶予期間を置いて審理を終結する日を定めなければならず（実施89条），また審理を終結する場合には裁判日を決めなければならない（同90条）。終局裁判をするのに熟したときは，終局決定で裁判を行い，当事者に告知することによって効力を生じるが，子の返還を命ずる裁判は確定しなければ効力を生じない（同91条・92条1項・93条2項）。当事者は，終局決定に対して，2週間の不変期間内に即時抗告をすることができる（同101条1項・102条1項）。子の返還を命ずる終局決定に対しては，子も即時抗告をすることができる（同101条2項）。

決定の変更

子の返還を命ずる決定が確定した後，事情の変更が生じて当該決定を維持することが不当な結果になると認めた場合，終局決定をした裁判所は，当事者の申立てによりその決定を変更することができる。ただし，子が常居所地国に返還された後の変更はできない（実施117条1項）。この規定は，ハーグ子奪取条約にはなく，子の利益に配慮した返還実務を達成する目的を有するが，ハーグ子奪取条約の趣旨に反しないよう慎重に運用する必要がある。

最判平成29年12月21日（判時2372号16頁）は，子4名の米国への返還決定が確定し，代替執行に及んだものの執行は不能に

終わった後で，返還申立人の米国にある自宅が競売され明け渡されたという事案である。最高裁は，子らのために安定した住居を確保することができなくなった結果，返還申立人による監護養育態勢の看過し得ない悪化という事情変更が生じたとして，実施法117条に基づく変更を認めた。

　また，最判令和2年4月16日（民集74巻3号737頁）は，子の返還申立事件に係る家事調停において，子をロシアへ返還する旨の調停が成立した後に，相手方が，子が日本での生活を強く希望していることを理由として事情変更に基づく決定変更の申立てをし，これを認めたものであるが，その際，返還と連動して調停で決められた養育費の支払いや面会交流についても，家事事件手続法上の変更手続により対処することが可能であるから変更に支障があるとはいえないとした。この事件では，実施法117条が終局決定の変更規定であるところ，成立した家事調停を変更する根拠となるかが問われ，上記最判は，事情変更により返還事項の維持が不当と認めるに至った場合にはその類推適用が認められるとしたことに意義がある。

### ⑤　子の返還の執行手続

　確定した子の返還を命ずる終局決定に基づく子の返還の強制執行の方法としては，第三者による子の返還の代替執行（民執171条1項）と間接強制（同172条1項）とが規定されている（実施134条1項。最決令4・6・21判時2545号45頁参照）。以前は間接強制が前置されていたが，令和元年の実施法の改正によりこれが見直され，間接強制の前置は緩和された（実施136条）。

代替執行の申立ては，債務者に代わって子の返還を行う者（返還実施者）となる

**代替執行**

べき者を特定して行う（実施137条）。代替執行の実施に当たっては，まず子を現在監護されている状態から解放し（解放実施），その後返還実施者により子を常居所地国へと移動する（返還実施）という2段階を経て行う。前者は執行官により行われる（同138条1項）。執行官の権限としては，債務者（現在，子を監護する者）の説得のほか，①債務者の住居その他債務者の占有する場所に立ち入り，その場所において閉鎖した戸を開くなどして子を捜索すること，②返還実施者，債権者（子の返還申立事件の申立人）もしくはその代理人と子を面会させ，または返還実施者，債権者もしくはその代理人と債務者を面会させること，③債務者の住居その他債務者の占有する場所に返還実施者，債権者またはその代理人を立ち入らせることが認められている（同140条1項）。令和元年改正以前は，執行官によるこれらの行為は，子が債務者とともにいる場合にのみすることができるとしていたが（同時存在の原則），改正により，このような子と債務者の同時存在の要件は不要とした上で，債務者の不在により子が執行の場所で不安を覚えることがないよう，原則として債権者の出頭を要求することとしている（同140条1項，民執175条5項。同6項も参照）。これにより実施法に基づく子の返還の代替執行において，債権者と返還実施者が異なる場合には，両者ともに執行の場所への出頭を要することになる。

## ⑥　子の引渡方法としての人身保護請求

人身保護法による人身保護請求は，不当に奪われている人身の

自由を司法手続によって回復することを目的とし（人保 1 条），正当な手続によらずに不当に拘束されている者のほか何人も被拘束者の救済を求めて行うことのできるものである（同 2 条。その際，人身保護規則 4 条は拘束の違法の顕著性を要求している。また同条但書には人身保護法の補充性が規定されている）。手続としては，拘束者および被拘束者を裁判所に召喚して審理するが，もし拘束者が，裁判所が定めた日時，場所への出頭等に従わない場合には，拘束者を勾引または勾留することがあるとされる（人保 12 条 1 項〜3 項）。

　この制度は歴史的には，逮捕状なしの拘束などから人権を保護するためのものであったところ，その趣旨を拡大して子供の引渡しの実現に適用されてきた。もっとも最判平成 5 年 10 月 19 日（民集 47 巻 8 号 5099 頁）は，別居中の夫婦間の紛争であるが，前述の違法の顕著性を認めるためには，拘束者が幼児（最高裁判決時において 4，5 歳）を監護することが子の幸福に反することが明白であることが必要である（明白性の要件）との判断を示して人身保護請求を認容した原審を破棄差戻しし，その補足意見では，共同親権者同士の紛争で幼児の安危が関係しない場合には，家庭裁判所における審判前の保全処分が活用されるべきであって，これが人身保護法による救済に優先されるべきとしている。これが後の判例に影響を与えることになる（最判平 6・4・26 民集 48 巻 3 号 992 頁など）。

　人身保護請求は，ハーグ子奪取条約・実施法上の返還命令の実現においても適用可能なものとされているが（最判平 30・3・15 民集 72 巻 1 号 17 頁），これが利用されるのは，既存の執行法体系では返還命令の実現が難しい場合でも，人身保護法であれば勾引

や勾留といった強制手段があることから実効性を有すると考えられているからではないか。これは，逆にいえば返還命令を債務名義とする子の引渡しの執行方法の不十分さを表すものといえる。やむなき代替手段としての人身保護法の適用は，民事執行法の改正により解消されることが望ましい。

### *Column* ㉟　家事執行法の必要性

　家事債務の執行，とりわけ子の引渡し，返還の執行や面会交流（親子交流）の執行は，任意の履行によることがもっとも適切である。そのためには執行段階においても家庭裁判所が主導して協議の機会を保障することや，それに際して適宜専門家が関与することなどが考えられる。他方で裁判がある以上はその内容の確固とした実現が要求される。英米の裁判所侮辱やドイツの秩序措置，すなわち秩序金のほか秩序拘禁といった身体拘束が，履行を促すことにつながっていることは参考になる。日本では，民事執行制度の導入時から執行方法としての人的執行を採用しなかったこともあって，強力な実現手段を欠いている。そのために，人身保護法による権利の実現というややいびつな手段を使わざるを得ないのであれば，執行のあり方を再考しても良いのではないか。かつては子の引渡しに人身保護による救済を用いていた国も，現在では，より相応しい別の制度に切り替えていることなども見ておくべきであろう。そもそも家事債務の執行は，財産関係の事件における執行とは本質的に異なる面を有することに鑑みて，立法論としては，債務名義作成機関と執行機関の分離の見直しや執行方法の工夫など執行のあり方を検討して，家事執行法を独自に構築すべきように思われる。

## ⑦　子の監護権等に関する外国裁判と
## ハーグ子奪取条約による子の返還裁判との関係

　例えば，TP による子の日本への連れ去り後，奪取元国（常居所地国）で LBP の監護権と子の引渡しを認める裁判が確定し，他方で LBP が日本でハーグ子奪取条約に基づく返還の申立てをしたが，返還拒否事由があるとして請求が棄却されたため，同人が子の引渡確定裁判の執行を求めて執行判決の申立てをすることは認められるか。ハーグ子奪取条約返還裁判と引渡執行のための執行判決裁判の同時的あるいは異時的競合が問題となる。両者は要件を異にする別裁判であるが，ハーグ子奪取条約 16 条によれば，日本の司法当局は，子が「不法に連れ去られ，又は留置されている旨の通知を受領した後は，この条約に基づいて子が返還されないことが決定されるまで又はこの条約に基づく申請が当該通知を受領した後合理的な期間内に行われない場合を除くほか，監護の権利についての本案の決定を行わない」とされていることに鑑みて，同時並行的に執行判決裁判を審理することは許されず，返還裁判の結果を待つことになる。それでは返還の申立てが却下された後に引渡し裁判に基づく執行判決の申立てがなされた場合はどうか。これについては，公序（家事 79 条の 2，民訴 118 条 3 号）に反するとして子の利益に鑑みて執行判決の申立てを却下すべきとの見解が存するが，そのように解すべきであろう。

　TP による子の日本への連れ去り後，LBP が常居所地国において監護権・子の引渡裁判を得て確定しているが，TP の手続保障上の問題もあって容易に承認を得られない状況がある場合，LBP がこれに関する執行判決の申立てをせずにハーグ子奪取条約に基

づく返還の申立てをした場合，すなわち執行判決は却下の可能性が高い一方，ハーグ子奪取条約による返還は認められることが予想されるとき，返還裁判の裁判所はどのような判断をすべきであろうか。ハーグ子奪取条約に基づく返還の申立てに際して，監護権に関する常居所地国の裁判の承認は必要とされない。この場合には迅速な返還がなされることに重きが置かれる。他方で引渡し・監護権に関する裁判が連れ去り国で承認されないにもかかわらず返還が実現すれば，監護権の裁判が確定していることから，常居所地国での監護権に関する再度の審理は保障されない。しかしそうだとしてもハーグ子奪取条約における返還の判断と本国における本案の裁判とは連動させないというのが，条約の趣旨と解することになりそうである。逆に常居所地国で TP に監護権が認められた場合でも，それだけでは返還拒否事由とはされないが，実施法 28 条 3 項の判断の考慮要素とはなると解される。なお，最決令和 4 年 6 月 21 日（判時 2545 号 45 頁）では，ハーグ子奪取条約による返還決定の執行と常居所地国（フランス）での監護権に関する本案（未確定だが仮の執行力が認められている）との関係が問題となった事案で，監護権に関する裁判に対応しない執行申立てを権利濫用とした原審の判断は，ハーグ子奪取条約の目的，同条約 17 条およびこれを受けて定められた実施法 28 条 3 項の趣旨に反するとする補足意見が付されている。子が複数国を往復しなければならない事態は避けることが望ましいことからすると，このような場合，子の最善の利益の確保のために裁判所間の連携が有効であるように思われる。

## ⑧ 国際的家事調停

　子の返還ないしは接触（面会）の申請を受けた中央当局（外務大臣）は，できる限り迅速かつ平和裡に常居所地への子の返還等が実現することに意を用いる。そのため中央当局の仲介による協議の機関の設置，その結果の任意の履行が必要である（実施9条）。他方，ハーグ子奪取条約の案件については，条約の趣旨に関する十分な理解や言語・文化の違いの克服など，より難しい問題がある。もっとも他国においては，そのための国際家事調停のスキームが存在し，かなりの成果を上げていることが報告されている。その中でも，英国のリユナイト（Reunite）やドイツのミック（MiKK）の活動が知られている。日本においても，家庭裁判所による家事調停のほか，中央当局が条約上負う支援義務の履行委託の民間レベルの受け皿として，すでに第1・第2東京弁護士会の仲裁センター，東京弁護士会の紛争解決センター，愛知県弁護士会紛争解決センター，大阪の公益社団法人民間総合調停センター，福岡県弁護士会紛争解決センターによる国際家事ADRが存在する。しかしどのような態勢で調停に臨むか（調停人は何人か，どのような構成にするか，調停人の資格や訓練方法，責任の明確化など），手続原則をどのように定めるか（対面方式と別席の使い分け，コンフィデンシャリティーの問題など）など，一応のガイドラインは存在するものの（Guide to Good Practice under the Hague Convention of 25 October 1980 on the Civil Aspects of International Child Abduction），なお整備や統一，さらなる充実等が望まれるところであり，今後の発展が期待される。

# 判 例 索 引

# 事 項 索 引

## ま　行

## や　行

## ら　行

【有斐閣アルマ Advanced】

国際民事手続法〔第 3 版〕

*International Civil Procedure, 3rd ed.*

2005 年 9 月 30 日 初 版第 1 刷発行　　2024 年 3 月 10 日 第 3 版第 1 刷発行
2012 年 7 月 10 日 第 2 版第 1 刷発行

著　者　　本間靖規＝中野俊一郎＝酒井　一

発行者　　江草貞治

発行所　　株式会社有斐閣

　　　　　〒101-0051 東京都千代田区神田神保町 2-17

　　　　　https://www.yuhikaku.co.jp/

装　丁　　デザイン集合ゼブラ＋坂井哲也

印　刷　　株式会社精興社

製　本　　大口製本印刷株式会社

装丁印刷　株式会社亨有堂印刷所

落丁・乱丁本はお取替えいたします。定価はカバーに表示してあります。
©2024, Y. Honma, S. Nakano, H. Sakai.
Printed in Japan ISBN 978-4-641-22216-8